Teoria e Prática

Construção Estratégica de Paz

Série Da Reflexão à Ação

Lisa Schirch

Construção Estratégica de Paz

Tradução:
Denise Kato

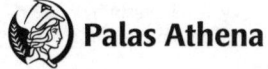 Palas Athena

Título original: *The Little Book of Strategic Peacebuilding*
Copyright © 2004 by Good Books, Intercourse, PA 17534

Grafia segundo o Acordo Ortográfico da Língua Portuguesa de 1990, que entrou em vigor no Brasil em 2009.

Coordenação editorial: Lia Diskin
Revisão: Rejane Moura
Capa e Projeto gráfico: Vera Rosenthal
Arte final: Jonas Gonçalves
Produção e Diagramação: Tony Rodrigues

Dados Internacionais de Catalogação na Publicação (CIP)
(Câmara Brasileira do Livro, SP, Brasil)

Schirch, Lisa
  Construção Estratégica de Paz / Lisa Schirch; tradução Denise Kato.
– São Paulo : Palas Athena, 2019.

Título original: The little book of strategic peacebuilding

ISBN 978-85-60804-43-6

1. Administração de conflitos 2. Construção da paz
I. Título.

19-26226   CDD-303.69

Índices para catálogo sistemático:
1. Administração de conflitos : Sociologia   303.69

1ª edição, maio de 2019

Todos os direitos reservados e protegidos
pela Lei 9610 de 19 de fevereiro de 1998.

É proibida a reprodução total ou parcial, por quaisquer meios, sem a autorização prévia, por escrito, da Editora.

Direitos adquiridos para a língua portuguesa por Palas Athena Editora
Alameda Lorena, 355 – Jardim Paulista
01424-001– São Paulo, SP – Brasil
Fone (11) 3050-6188
www.palasathena.org.br
editora@palasathena.org.br

CONTEÚDO

Agradecimentos 3
1. INTRODUÇÃO 5
2. DEFINIÇÃO DE CONSTRUÇÃO ESTRATÉGICA DE PAZ 9
3. VALORES PARA A CONSTRUÇÃO DE PAZ 15
4. COMPETÊNCIAS RELACIONAIS PARA A
   CONSTRUÇÃO DE PAZ 21
5. ANÁLISE PARA A CONSTRUÇÃO DE PAZ 25
6. VISÃO GERAL DOS PROCESSOS DE CONSTRUÇÃO DE PAZ .. 29
7. ENTRAR EM CONFLITO DE MODO NÃO VIOLENTO 33
8. REDUZIR A VIOLÊNCIA DIRETA 41
9. TRANSFORMAR RELAÇÕES 53
10. CAPACITAÇÃO 65
11. DESENHO ESTRATÉGICO DA CONSTRUÇÃO DE PAZ 73
12. AVALIAÇÃO E COORDENAÇÃO DA CONSTRUÇÃO DE PAZ .. 93

Notas 97
Leituras selecionadas 101
Sobre a autora 103

AGRADECIMENTOS

A maior parte do conteúdo deste livro surgiu da reflexão e aprendizado com milhares de alunos e praticantes que impactaram profundamente nossas vidas no Programa de Transformação de Conflitos da Eastern Mennonite University, em Harrisonburg, Virgínia. Meus sinceros agradecimentos a tantos estudantes e amigos que se empenharam em ler e comentar as versões preliminares deste livro, especialmente Rob Davis, Larrisa Fast, Debendra Manandhar, Toma Ragnjiya, Katie Resendiz, Maria Schirch de Sanchez e Yashodha Shrestha. Agradeço também a dois de meus colegas – Howard Zehr e John Paul Lederach – por investirem tempo como meus mentores nesta área e me ajudarem a tomar decisões importantes sobre o conteúdo deste texto.

Comecei a trabalhar nele na época em que morava em Nairóbi, Quênia, em março de 2003. A guerra do Iraque, liderada pelos Estados Unidos, estava apenas no início. Quero agradecer ao meu marido e à minha filha por terem me lembrado de desligar o noticiário da BBC sobre a guerra durante o dia e me afastar do laptop em que eu redigia um trabalho sobre paz. Saímos juntos para caminhar entre as girafas e zebras nos arredores do nosso apartamento, sentindo a beleza desta vida tão preciosa que nos empenhamos para preservar. Embora o objetivo da construção de paz seja salvar o mundo, devemos também nos lembrar de **saboreá-lo**.

Introdução

Um grupo de pessoas afetadas pela violência na comunidade reúne-se para conversar e planejar como lidar com a situação. Um policial trabalha com os membros da comunidade para patrulhar as ruas à noite e prevenir a criminalidade. Um grupo de mulheres bloqueia a saída de uma sala de negociação onde grupos de rebeldes tentam retirar-se de conversas sobre a paz. Um pesquisador entrevista ministros do governo sobre o efeito de atores da sociedade civil – igrejas, organizações de fomento e grupos de mulheres – nas recentes eleições democráticas. Estes são apenas alguns entre os milhares de indivíduos engajados na construção de paz. Trabalham para acabar com a violência, mas principalmente para criar estruturas que contribuam para uma paz justa e sustentável.

O campo de construção de paz é mais amplo e complexo do que muitos imaginam. Envolve atores de muitas áreas distintas: membros da comunidade em busca de melhor qualidade de vida; ativistas não violentos lutando por direitos humanos; agentes de paz separando grupos em conflito e desmobilizando combatentes; líderes religiosos encorajando seus seguidores a conviver em paz com seus vizinhos; agências de apoio humanitário proporcionando alívio e assistência; mediadores comunitários e praticantes de justiça restaurativa facilitando o diálogo entre partes em conflito; líderes empresariais fornecendo recursos materiais a vítimas; e líderes governamentais introduzindo mudanças por meio de políticas públicas. São apenas alguns dos atores engajados na construção de paz. Esses atores usam linguagens distintas para comunicar seus valores e descrever suas atividades. Possuem teorias diferentes para explicar como ocorre a mudança social, e têm papéis e responsabilidades diversos na sociedade. Por exemplo, alguns falam sobre a necessidade de segurança pública, enquanto outros focam em cura espiritual, direitos humanos e justiça social, o retorno de valores tradicionais, as competências necessárias à resolução de conflitos, desenvolvimento, educação ou uma combinação de todos esses aspectos. Na prática, podem atuar na mesma região, mas talvez nunca cheguem a coordenar suas abordagens. A construção de paz justa e sustentável requer a coordenação desses vários atores e ações numa única estrutura.

QUAL O OBJETIVO DESTE LIVRO?

Este livro é uma tentativa de reunir diversos campos e atividades relacionados à construção de paz e integrá-los num único arcabouço conceitual. No cerne desta estrutura está a ideia de **construção estratégica de paz**: uma abordagem interdisciplinar e coordenada para desenvolver uma **paz justa** (*justpeace*) e sustentável – uma paz com justiça.

A construção estratégica de paz requer metas claras. Embora o conceito de paz justa esteja ganhando popularidade, poucos textos descrevem claramente sua visão e aspectos práticos. Um dos objetivos aqui é promover o conceito de paz justa como meta ou visão global necessária à construção de paz.

Introdução

A construção estratégica de paz também requer coordenação. Embora alguns acadêmicos na área de construção de paz concentrem-se em ajudar diretamente as pessoas envolvidas em um conflito, este livro traz um foco adicional, mostrando como as pessoas que trabalham em prol da paz precisam formar redes entre si. Nesta obra procuramos sintetizar e resumir os valores, competências relacionais, estruturas analíticas e práticas de uma ampla gama de atores da construção de paz. O objetivo desta síntese é criar uma linguagem comum para conversar sobre construção de paz e aumentar a conscientização e valorização dos diversos – e importantes – papéis envolvidos.

A estrutura apresentada aqui surgiu das ideias e experiências de milhares de pessoas e redes do mundo todo, conectadas ao Programa de Transformação de Conflitos da Eastern Mennonite University. Congrega a sabedoria de progressistas e conservadores, de habitantes do Norte e do Sul da comunidade global, ações do passado e vozes do futuro, na tentativa de enquadrar essa diversidade de caminhos em um mapa coerente de construção de paz.

Espero que este livro possa se tornar uma cartilha para estudantes e outras pessoas interessadas em aprender sobre a construção de paz. Também foi escrito para praticantes e acadêmicos que talvez conheçam uma parte do quebra-cabeça da construção de paz mas que se beneficiariam de um aprendizado maior de outras abordagens e de como elas se encaixam.

Resumindo, este pequeno livro tenta oferecer uma visão mais unificada e estratégica da construção de paz. Procura demonstrar como as várias abordagens da construção de paz se conectam e contribuem conjuntamente para tratar a violência e, ao mesmo tempo, promover uma mudança estrutural a longo prazo.

2

DEFINIÇÃO DE CONSTRUÇÃO ESTRATÉGICA DE PAZ

Assim como qualquer outro campo, a construção de paz possui um público formado por líderes de torcida, críticos e espectadores confusos. As pessoas usam o termo "construção de paz" de maneiras muito variadas. Algumas o usam para descrever atividades no pós-guerra. Outras para definir um novo modo de abordar o desenvolvimento com ênfase na paz. Um terceiro grupo vê a construção de paz basicamente como um processo relacional e psicológico, ou como sinônimo de transformação de conflitos. Este capítulo explorará os mitos e os significados da construção de paz.

A área da construção de paz foi desenvolvida em resposta aos casos mais graves de violência no mundo: pobreza crescente e disseminada; aumento da criminalidade, racismo e opressão; violência contra a mulher; e guerras como as da Libéria ou Colômbia, onde divisões étnicas, ideológicas e sociais são impulsionadas por um próspero comércio global de armas. Qualquer resposta à pergunta "O que temos feito para tratar esses problemas?" é, potencialmente, parte integrante da construção de paz.

A construção de paz busca prevenir, reduzir, transformar e ajudar as pessoas a se recuperarem de todas as formas de violência, inclusive a violência estrutural que ainda não culminou em tumulto civil em massa. Ao mesmo tempo, a construção de paz empodera as pessoas, estimulando relações em todos os níveis necessários à sustentação própria e à do meio ambiente.

A construção de paz promove o desenvolvimento de relações em todos os níveis da sociedade: entre indivíduos e no seio da família; em comunidades; organizações, empresas, governos; e em instituições e movimentos culturais, religiosos, econômicos e políticos. As relações são uma forma de poder ou **capital social**. Pessoas que se conectam e se relacionam têm maior probabilidade de unir esforços para tratar os conflitos de maneira construtiva.

A paz não surge por acaso. Manifesta-se quando as pessoas têm grande cautela nas decisões de um plano a longo prazo, tentando prever possíveis problemas, envolvendo-se em uma análise contínua do conflito e do contexto local, e coordenando diferentes atores e atividades em todas as etapas do conflito, em todos os níveis da sociedade. A construção estratégica de paz reconhece a complexidade das tarefas necessárias ao desenvolvimento da paz. A construção de paz é estratégica quando envolve a coordenação de recursos, atores e abordagens para atingir múltiplas metas e lidar com diversas questões a longo prazo.

CONSTRUÇÃO DE PAZ NÃO É...
- **A construção de paz não é algo suave ou idealista**

Para muitas pessoas, a ideia de paz é um sonho improvável num mundo repleto de violência. Embora a construção estratégica de paz esteja direcionada a uma visão de paz justa a longo prazo, também se baseia numa avaliação realista de desafios complexos no contexto imediato. Os construtores de paz enfrentam o desafio de serem politicamente estratégicos no presente e, ao mesmo tempo, fundarem seu trabalho em um conjunto de valores e princípios que atendam a metas a longo prazo.

• **Construção de paz não é sinônimo de transformação de conflitos**
Mitigação, gestão, resolução e transformação de conflitos utilizam conjuntos semelhantes de habilidades e processos criados para desenvolver relações e abordar as raízes do conflito por meio de diálogo, mediação e negociação. No entanto, o campo da construção de paz inclui uma variedade muito maior de processos.

• **A construção de paz não é apenas para sociedades no pós-guerra**
A construção de paz precisa estar presente em todas as sociedades como um meio de prevenção da violência e de satisfação das necessidades humanas. A construção de paz preventiva, também conhecida como **prevenção de conflitos**, tem como objetivo criar sociedades capazes de lidar com conflitos sem o uso de violência.

• **A construção de paz não se baseia primordialmente em ideias ocidentais**
Os valores, competências, ferramentas analíticas e processos da construção de paz são genuinamente globais. Cada cultura tem algo a ensinar e a aprender sobre construção de paz. Muitos processos de construção de paz, como justiça restaurativa, mediação e ação não violenta vieram de alguma outra parte do mundo e foram adaptados ao Ocidente.

- **A construção de paz não foge de conflitos nem ignora formas estruturais de violência e injustiça**

  Alguns criticam o campo da construção de paz, referindo-se a ela como "dirigir uma ambulância" ou responder a crises em vez de trabalhar para prevenir a violência. Na estrutura de construção estratégica de paz apresentada neste livro, os papéis importantes de prevenção da violência e da criação de estruturas sociais justas caminham de mãos dadas.

A CONSTRUÇÃO ESTRATÉGICA DE PAZ É UM ESPAÇO DE CONEXÃO

O diagrama da página 13 apresenta algumas das muitas abordagens à construção de paz. Ela requer uma combinação de abordagens provenientes de um espaço de conexão ou nexo para a colaboração.

Esse diagrama apresenta abordagens para a paz, em vez de atores ou questões. Alguns atores podem usar várias abordagens (educação, desenvolvimento econômico e processos de transformação de conflitos) para lidar com questões diferentes relacionadas ao conflito, como HIV/AIDS ou poluição ambiental. Esse diagrama é uma amostra de algumas das visões descritas neste livro.

Cada abordagem oferece uma contribuição específica e complementa as demais. Parte do desafio da construção de paz é formar e manter a perspectiva necessária para que essas diferentes abordagens contribuam para a paz. Talvez os atores da construção de paz não saibam exatamente como outras abordagens poderiam contribuir para o seu trabalho, ou como eles poderiam contribuir para o trabalho de outros.

O conceito de "criar espaço" para a construção de paz é um princípio estratégico fundamental. É comum não haver um espaço físico onde aqueles que trabalham em prol da paz possam coordenar seu trabalho e compartilhar seus sucessos e desafios. O diagrama visual de um nexo cria um espaço ou ponto de encontro para esta importante coordenação e intercâmbio de abordagens. A intersecção de abordagens reflete um conjunto de **valores, competências relacionais, estruturas analíticas** e **processos**. Os próximos capítulos discutirão esses valores, competências, estruturas analíticas e processos em mais detalhes.

Nexo de abordagens para a construção de paz

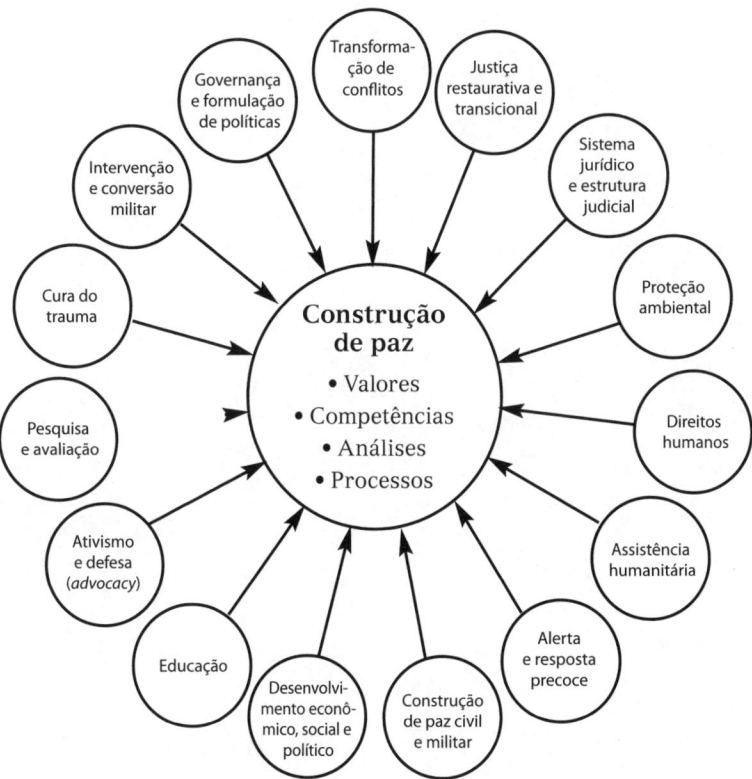

3
VALORES PARA A CONSTRUÇÃO DE PAZ

A construção de paz surge de um conjunto de valores. Os valores conduzem todo o processo de tomada de decisões. Idealmente, os indivíduos começam a construir a paz a partir da reflexão de como suas próprias vidas e escolhas afetam os outros. Quando as pessoas trabalham juntas em prol da paz, seus valores muitas vezes estão ocultos ou não declarados. Entretanto, os valores poderão ser revelados por uma pergunta-chave sobre os objetivos: Qual será o resultado da construção de paz? Em geral, a construção de paz valoriza a satisfação das necessidades humanas e a proteção dos direitos humanos.

NECESSIDADES HUMANAS E DIREITOS HUMANOS

A construção de paz valoriza a qualidade e a sustentabilidade da vida. A construção de paz tem como objetivo criar sociedades que assegurem a dignidade humana, zelando pelas necessidades humanas e protegendo os direitos humanos. Os construtores de paz também têm a responsabilidade de proteger o ambiente.

Desde a época das primeiras civilizações até os dias de hoje a maioria das tradições religiosas promove relações que atendem às necessidades humanas. O advento das sucessivas declarações de direitos humanos após a Segunda Guerra Mundial aumentou a expectativa de que os governos devem zelar pelas necessidades humanas ao protegerem e promoverem leis de direitos humanos.

Os seres humanos possuem necessidades e direitos materiais, sociais e culturais.[1] Os direitos humanos são um guia moral para indivíduos em cada camada da sociedade. Orientam todos os tipos de decisão para que possamos viver com o mínimo de violência e o maior bem comum possível.

- **Necessidades e direitos materiais** incluem alimento, abrigo, água, assistência médica e recursos que atendam às necessidades físicas. Cabe às sociedades proteger os direitos econômicos por meio da justiça distributiva ou de uma distribuição justa do patrimônio, educação e oportunidades de emprego a todos.

- **Necessidades e direitos sociais** incluem a noção de dignidade humana, pertencimento e previsibilidade nos relacionamentos, segurança no caso de ataques, participação e influência na tomada de decisões que afetem a própria vida e a capacidade de conquistar o respeito e o reconhecimento de outros. Cabe às sociedades proteger os direitos sociais, civis e políticos por meio da justiça processual. Isso, por sua vez, inclui estruturas democráticas, a aplicação do Estado de Direito, e programas de justiça social de empoderamento e educação que promovam o entendimento entre diferentes culturas.

- **Necessidades e direitos culturais** incluem a capacidade de dar sentido à vida por meio de identidade pessoal, cultural e religiosa, sem perseguição, ameaça ou intimidação. As culturas e religiões proporcionam uma noção de significado, propósito e identidade às pessoas. Tais necessidades e direitos dependem de sociedades que assegurem liberdades religiosas, direitos da minoria, e outros direitos sociais e civis, por meio de leis e de programas educacionais que cultivem a compreensão e a tolerância.

As pessoas são livres para escolher como suprir suas necessidades. Todos precisam se alimentar mas nem todos precisam consumir os mesmos alimentos. Todos precisam ser respeitados, mas as pessoas podem conquistar o respeito e respeitar os outros de diferentes maneiras. Em geral, os seres humanos querem satisfazer suas necessidades do mesmo modo que as outras pessoas. Imitam os desejos dos outros, principalmente daqueles considerados poderosos, na tentativa de pertencer ao mesmo grupo.[2]

Às vezes é difícil distinguir necessidade de ganância. Algumas pessoas acreditam ter o direito de satisfazer suas próprias necessidades à custa dos outros. Ganância é o desejo de acumular quantidades excessivas de recursos materiais, respeito e poder na tomada de decisões. A internalização da superioridade e da ganância gera uma noção excessiva da necessidade.

A construção de paz requer uma ética de **interdependência**, **parceria** e **limitação da violência** nas escolhas sobre como suprir necessidades e proteger direitos.

INTERDEPENDÊNCIA

Somos interdependentes; as necessidades ou direitos humanos não atendidos de qualquer indivíduo ou grupo reverberam e afetam toda a humanidade. Quando as pessoas têm consciência e valorizam sua interdependência dos outros, coordenam esforços para atender às necessidades e direitos humanos de modo que ninguém saia prejudicado. As pessoas mais ricas do mundo, por exemplo, não podem satisfazer todas as suas necessidades (principalmente relacionadas à segurança) em um mundo onde as necessidades humanas básicas não estão sendo atendidas.

PARCERIA

Uma visão de mundo do tipo "domine ou será dominado" gera um terreno fértil para a violência. O valor da parceria é uma alternativa à dominação. Incentiva as pessoas a usarem o poder **com** os outros para atender a necessidades e direitos mútuos. Quando as relações são igualitárias e baseadas nos valores de uma parceria – em vez de dominação – as pessoas cooperam e empoderam umas às outras para atender a necessidades e direitos.

LIMITAÇÃO DA VIOLÊNCIA

Os seres humanos prejudicam uns aos outros de muitas maneiras, ao escolherem o que consumir, como interagir e quando fazer uso da força para atender às próprias necessidades. Os conflitos surgem à medida que as pessoas buscam, ao mesmo tempo, liberdade e segurança, propriedade privada e justiça distributiva. Qualquer uso de violência na busca de satisfazer necessidades e direitos humanos de uma pessoa ou grupo prejudica e obstrui os direitos de outros.

Quando indivíduos ou grupos são violentos com os outros, o resultado é um ciclo de violência. Os níveis de violência ou dano seguem um padrão contínuo. A construção de paz consiste em aumentar o número de opções não violentas que as pessoas acreditam ter para satisfazer suas necessidades e ajudá-las a escolher as opções menos violentas.

Os conceitos de **justiça, paz justa** e **segurança humana** expressam valores da construção de paz. A **justiça** ocorre quando as pessoas têm condições de participar na composição de seu ambiente, de modo que possam suprir suas necessidades. Há justiça quando as pessoas respeitam os direitos das demais e há processos implantados para que os ofensores sejam responsabilizados por suas vítimas ou pela comunidade como um todo.

O conceito de **paz justa** reconhece que a busca violenta por justiça só gera mais injustiça, e que uma paz sem justiça tem poucas chances de ser sustentável.

A **segurança humana** ocorre quando as pessoas estão protegidas contra formas diretas e estruturais de violência e conseguem atender às suas necessidades e direitos básicos. Os defensores da segurança humana buscam substituir ou expandir as definições tradicionais de segurança baseadas no Estado, que se concentram na proteção do território ou de interesses nacionais. A segurança humana tem como meta a redução das ameaças vinculadas à doença, pobreza, criminalidade e outros fatores que comprometem a qualidade de vida.

Embora a linguagem deste livro seja secular para refletir sua ampla base de leitores, os grupos religiosos têm sua própria forma de comunicar tais conceitos. Pessoas de diferentes credos entendem a busca pela paz, justiça e reconciliação entre os povos como a vontade de Deus para a humanidade. A construção de paz também é uma tarefa religiosa e inclui uma dimensão espiritual importante.

Os valores descritos aqui norteiam a construção de paz. Indivíduos e organizações podem tomar decisões e avaliar seu trabalho com base nesses valores. O Capítulo 11 descreverá como tais valores podem ajudar a definir a prática da construção de paz. Contudo, valores por si só não bastam: as competências relacionais ajudam as pessoas a se comportarem de uma maneira que reflita esses valores.

# 4

COMPETÊNCIAS RELACIONAIS PARA A CONSTRUÇÃO DE PAZ

O conflito é uma parte natural de todas as relações. A construção de paz aborda tanto grandes conflitos entre grupos armados como pequenos conflitos cotidianos, inerentes à vida e ao trabalho em organizações e comunidades. O conflito surge quando as comunidades precisam decidir onde perfurar um poço, qual currículo escolar adotar e qual líder eleger. O conflito ocorre entre construtores de paz à medida que vão atrás de financiamento para seus projetos, negociam oportunidades e buscam reconhecimento por seu trabalho.

Grupos em conflito costumam passar por altos níveis de conflito interno que, por sua vez, dificultam os esforços para lidar com grupos em oposição. É muito comum líderes do alto escalão virem à mesa de negociação sem o aval daqueles que estão representando. Pessoas que trabalham no campo da construção de paz e não conseguem aprender e praticar essas competências em todas as suas relações acabam comprometendo gravemente seu potencial de construir a paz.

As competências relacionais abaixo permitem que as pessoas lidem com o conflito de maneira construtiva:

- **Competências de autorreflexão** ajudam as pessoas a ter insights de seus próprios padrões de comportamento nas relações com os outros e a identificar escolhas benéficas para a vida. Tais competências permitem que as pessoas se adaptem a circunstâncias e contextos variados, e vivenciem uma sensação de paz interna.

- **Competências de escuta ativa** ajudam as pessoas a usarem meios verbais e não verbais para checar a compreensão, e demonstrar atenção e respeito pelas experiências e percepções dos outros.

- **Competências de fala diplomática e assertiva** ajudam as pessoas a terem tato na comunicação de questões importantes ou potencialmente conflituosas, facilitando a escuta e o entendimento pelos demais.

- **Competências de investigação apreciativa** ajudam as pessoas a identificar seus pontos fortes e qualidades, aprofundando ainda mais o que já está dando certo em suas relações com os outros.

- **Competências para solução criativa de problemas** ajudam as pessoas a fazer um *brainstorming* e descobrir novas maneiras de solucionar problemas difíceis.

- **Competências de diálogo** ajudam indivíduos e grupos diferentes a se comunicarem com honestidade para obter compreensão e transformação mútuas.

- **Competências de negociação** ajudam as pessoas a aprender a reafirmar suas próprias necessidades e, ao mesmo tempo, entender que uma solução sustentável também deve levar em conta as necessidades dos outros.

- **Competências de mediação** ajudam as pessoas a orientar outros indivíduos no processo de negociação, de maneira que todos cheguem a soluções mutuamente satisfatórias.

Essas competências vieram basicamente das áreas de transformação de conflitos, justiça restaurativa e cura do trauma, e todas serão discutidas no Capítulo 9. As competências relacionais são a base de todos os processos democráticos, nos quais os indivíduos podem participar de decisões importantes que envolvam suas vidas. São uma espécie de lubrificante nas rodas da construção de paz. Sem elas, a construção de paz se desintegra em rixas interpessoais entre construtores de paz, multidões enraivecidas gritando mensagens de ódio, e decisões políticas puramente baseadas no poder – não em necessidades humanas. Entretanto, competências relacionais, por si só, não bastam. As estruturas analíticas (que serão exploradas no próximo capítulo) agregam uma nova dimensão à nossa compreensão de construção de paz.

: 5

ANÁLISE PARA A CONSTRUÇÃO DE PAZ

Conflito e violência são sempre complexos. As ferramentas analíticas ajudam a organizar nosso conhecimento sobre conflitos para que saibamos onde intervir. Há muitas ferramentas analíticas úteis à construção de paz, mas fogem ao escopo deste livro. Entretanto, é importante notar três princípios analíticos fundamentais para tratar as raízes do conflito.

COMPREENDER O CONTEXTO LOCAL

Os construtores de paz precisam saber a natureza do conflito, quem foi afetado ou está envolvido, o que deve ser interrompido, o que divide e conecta as pessoas, e o que aumenta a vulnerabilidade ao conflito. Quanto mais os construtores de paz souberem do contexto, maior a probabilidade de sucesso na contribuição para a paz.

PESSOAS QUE AGEM COM VIOLÊNCIA SEMPRE ENCONTRAM UMA JUSTIFICATIVA

As pessoas que não conseguem satisfazer suas necessidades materiais, sociais ou culturais costumam sentir uma certa **injustiça** e/ou **trauma**.

Geralmente, as pessoas que se sentem humilhadas ou injustiçadas revelam uma disposição para lutar e até mesmo morrer para proteger sua identidade física, social ou cultural.

Um **conflito** ocorre quando as pessoas percebem que alguns querem satisfazer suas necessidades de um modo que obstrui ou ameaça as necessidades dos outros. O conflito pode ser tratado de maneira construtiva ou destrutiva. O conflito é construtivo quando as pessoas desenvolvem meios para satisfazer as necessidades de todos os envolvidos. As pessoas podem recorrer à violência se sentirem pouca empatia pelos demais e não conseguirem identificar maneiras não violentas de atender às próprias necessidades. A **violência** ocorre quando as pessoas lidam com o conflito de uma maneira que prejudica ou destrói as relações, frustrando ou negando as necessidades humanas dos outros.

A violência é uma tentativa de fazer justiça ou desfazer a injustiça. Um soldado mirim em Uganda pode se unir aos rebeldes em busca de pertencimento, identidade – ou até mesmo de alimento. Um líder rebelde pode fazer uso da violência para adquirir mais prestígio e riqueza. A construção de paz requer a identificação das percepções de necessidades não atendidas e a busca de meios alternativos, não violentos, para satisfazer tais necessidades.

TODAS AS FORMAS DE VIOLÊNCIA ESTÃO RELACIONADAS

Violência estrutural refere-se às deficiências, desigualdades e até mesmo casos de óbito resultantes de sistemas, instituições ou políticas que atendem às necessidades e direitos de alguns indivíduos à custa de outros. As estruturas que promovem a desigualdade e satisfazem as necessidades de pessoas de uma determinada etnia, religião, classe, faixa etária, idioma ou gênero em detrimento de outras acabam propagando a violência. O número cada vez maior de governos fracassados ou disfuncionais sinaliza a incapacidade de alguns deles proporcionarem um ambiente onde as pessoas tenham suas necessidades básicas supridas. Sociedades que permitem ou estimulam a disparidade econômica e social, que excluem alguns grupos da participação total na tomada de decisões e na vida pública, ou que direcionam o dano a algumas pessoas, acabam sofrendo mais com todas as formas de violência. Estruturas violentas infectam culturas inteiras.

A violência estrutural costuma levar à **violência secundária**, que inclui guerras civis, criminalidade, violência doméstica, uso abusivo de drogas ilícitas e suicídio. Estes ocorrem, em parte, quando a violência estrutural gera vastas disparidades na satisfação das necessidades e direitos humanos. Muitos atos criminosos que humilham e vitimizam os indivíduos em nível pessoal são fruto da violência estrutural. Há uma correlação clara entre a população carcerária e as pessoas criadas na pobreza e/ou em lares abusivos, com poucas oportunidades, humilhação constante e poucas chances de obter respeito. As disparidades de renda e de patrimônio entre ricos e pobres são os fatores preditivos mais poderosos das taxas de homicídio em qualquer cidade, estado ou país.[3]

Indivíduos incapazes de encontrar formas construtivas para atender às próprias necessidades acabam criando um ciclo infinito de vitimização. Diversas formas de violência disseminam-se como um vírus. O diagrama na página 28 mostra a conexão entre violência estrutural e as três principais formas de violência secundária que resultam dela.

Estes três princípios analíticos fornecem um pano de fundo para explorar uma variedade de processos de construção de paz. Processos bem-sucedidos de construção de paz podem aproveitar recursos – tanto locais como externos – para prevenir e reduzir a violência, e transformar e auxiliar a recuperação das pessoas. O Capítulo 11 – "Desenho estratégico da construção de paz" – apresenta mais ferramentas analíticas para decidir qual processo em particular se aplica a cada contexto específico. Os próximos capítulos explorarão uma ampla gama de processos favoráveis à construção de paz.

Violência Estrutural

Disparidades, deficiências e casos de óbito resultam de sistemas, instituições, políticas ou crenças culturais que atendem às necessidades humanas e aos direitos humanos de alguns indivíduos à custa de outros. A violência estrutural promove relações que geram violência secundária.

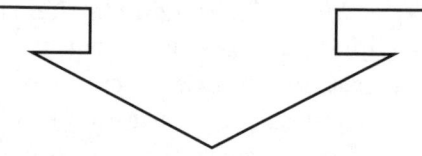

Violência Secundária

Autodestruição	Destruição Comunitária	Destruição Nacional e Internacional
• Uso abusivo de álcool • Uso abusivo de drogas • Suicídio • Depressão • Opressão internalizada	• Criminalidade • Violência interpessoal • Violência doméstica • Estupro	• Movimentos de rebeldes • Terrorismo • Guerras civis • Revoluções • Golpes de Estado • Guerra

Reações e respostas à violência estrutural são violência secundária.

6
VISÃO GERAL DOS PROCESSOS DE CONSTRUÇÃO DE PAZ

Explicamos acima que a construção de paz requer uma série de abordagens. As abordagens incluídas no nexo da construção de paz podem ser agrupadas em quatro categorias, focadas em tarefas específicas.

ENTRAR EM CONFLITO DE MODO NÃO VIOLENTO

Defensores e ativistas buscam obter apoio para a mudança ao fortalecerem o poder de um grupo a fim de lidar com as questões e promover o amadurecimento das condições necessárias para transformar as relações.

REDUZIR A VIOLÊNCIA DIRETA

Esforços para reduzir a violência direta têm como objetivo impedir a ação violenta de criminosos, prevenir e aliviar o sofrimento imediato das vítimas de violência, e criar um espaço seguro para atividades de construção de paz. Uma vez atingido esse objetivo, outros processos poderão tratar as raízes da violência.

TRANSFORMAR RELAÇÕES

Para que a paz possa substituir a violência, as relações deverão ser reconstruídas mediante uma série de processos que tratem os traumas, transformem conflitos e façam justiça. Tais processos oferecem às pessoas oportunidades de criar soluções sustentáveis, de longo prazo, para cuidar de suas necessidades.

CAPACITAÇÃO

Os esforços de construção de paz a longo prazo aproveitam ao máximo os recursos já existentes para atender às necessidades e direitos. Tais esforços incluem a prevenção da violência por meio de educação e treinamento, desenvolvimento, conversão e transformação das atividades militares convencionais, pesquisa e avaliação. Essas atividades estão voltadas à construção de estruturas justas, que apoiem uma cultura de paz sustentável.

Mapa da Construção de Paz

Entrar em conflito de modo não violento
- Monitoramento e defesa (*advocacy*)
- Ação direta
- Defesa por civis

Capacitação
- Treinamento e educação
- Desenvolvimento
- Conversão da atividade militar
- Pesquisa e avaliação

Reduzir a violência direta
- Sistema jurídico e estrutura judicial
- Assistência humanitária
- Manutenção da paz
- Intervenção militar
- Acordos de cessar-fogo
- Zonas de paz
- Programas de alerta precoce

Transformar relações
- Cura do trauma
- Transformação de conflitos
- Justiça restaurativa
- Justiça transicional
- Governança e formulação de políticas públicas

Embora muitos atores se engajem em diversas categorias da construção de paz, este mapa destaca metas específicas de diferentes abordagens de construção de paz. Muitas vezes essas abordagens são simultâneas, contínuas e interdependentes. Os próximos quatro capítulos explorarão os objetivos e funções de cada um dos tópicos do mapa acima para mostrar como se complementam e contribuem para a construção de paz.

7

ENTRAR EM CONFLITO DE MODO NÃO VIOLENTO

Em geral, em casos de desequilíbrio de poder e pouca conscientização do conflito por parte do público, é difícil conseguir uma negociação entre as partes. Aqueles que concordam em dialogar nessas condições costumam sair insatisfeitos, já que os grupos com mais poder talvez não negociem com boa-fé ou não executem as mudanças estruturais necessárias. Nesses casos, talvez seja prudente entrar em conflito de modo não violento, por meio de não violência estratégica.

> A ação não violenta tem como objetivo aumentar a conscientização e o equilíbrio de poder.

Não violência estratégica é um conjunto de abordagens que promove mudanças ao intensificar o conflito sem o uso de violência. Longe de ser algo passivo, a não violência estratégica é uma forma direta e assertiva de lidar com o conflito. A ação não violenta tem como objetivo estimular a conscientização e solidariedade do público, aumentar a compreensão de que grupos em conflito são interdependentes, e equilibrar o poder ao convencer ou coagir os demais a aceitarem as necessidades ou anseios de todos os envolvidos.

As pessoas decidem adotar a ação não violenta no lugar da violência por diferentes razões: algumas usam argumentos estratégicos, destacando o fracasso de ações violentas ao longo de toda a história.[4] Outras pessoas consideram a ação não violenta eficaz por ser relativamente mais barata que o uso da violência. Na América Latina, a não violência é chamada de "a arma dos pobres". Planejar uma manifestação, vigília, greve ou boicote não requer armas caras. Já outros indivíduos, principalmente de bases religiosas, asseguram que a não violência é um método moralmente superior de luta. Mahatma Gandhi e Martin Luther King Jr. argumentaram que a paz não pode ser obtida por meio da violência; deve haver harmonia entre os meios utilizados para se chegar a um fim.

Seja qual for a razão, a estratégia da não violência depende da satisfação das necessidades de todos: defensores e ofensores. Essa satisfação mútua das necessidades pode se concretizar pela criação de expressões não violentas de poder para pressionar negociações de sucesso, limitando o poder de outros para que não obstruam necessidades e direitos.

CRIAÇÃO DE PODER

As forças armadas aumentam seu poder com base na quantidade e qualidade de armas e tropas. Grupos que praticam a não violência tornam-se mais poderosos ao adotarem táticas que demonstrem o quanto os outros dependem de sua cooperação.

Por exemplo, o poder político de um governo depende, em última instância, do consentimento e cooperação de seus cidadãos e, às vezes, da comunidade mundial. A comunidade mundial aplicou sanções econômicas e culturais na África do

Sul nos anos de 1980, demonstrando como aquele país dependia da comunidade global e pressionando o governo majoritariamente branco a mudar. Na África do Sul, as comunidades negras boicotaram estabelecimentos comerciais de cidadãos brancos, o que evidenciou, de maneira semelhante, como os brancos dependiam dos negros. Tais estratégias contribuíram para o fim do apartheid na África do Sul.

O PRINCÍPIO DO *AIKIDO*

Os princípios do *aikido*, uma arte marcial não violenta, ajudam a conceitualizar como o poder do oponente pode ser usado para derrotá-lo. Na prática do *aikido*, o defensor puxa ou empurra o atacante na mesma direção em que este se movimenta, em vez de resistir ou bloquear o ataque. Ao fazer isso, desestabiliza o atacante, que esperava encontrar resistência. A própria força do atacante o impede de dominar e controlar o praticante de *aikido*.

A ação não violenta expõe a violência do adversário a ele mesmo e à comunidade mundial. Durante o movimento de Direitos Civis, quando policiais brancos espancaram manifestantes (inclusive crianças) e usaram cães para detê-los, a população dos Estados Unidos e do mundo todo se revoltou imediatamente, indignada. Os policiais brancos mostraram a si mesmos e ao mundo os resquícios de um sistema de segregação racial. Suas próprias ações violentas os levaram à derrocada.

Gene Sharp fez uma lista de aproximadamente 200 táticas diferentes de não violência para entrar em um conflito de modo não violento.[5] Essas táticas pertencem a uma entre quatro categorias: monitoramento e defesa (*advocacy*); protesto e persuasão; não cooperação; e intervenção.

TÁTICAS NÃO VIOLENTAS PARA ENTRAR EM CONFLITO

Monitoramento e defesa (advocacy)

Alguns grupos intensificam conflitos de maneira não violenta pelo monitoramento dos problemas e defesa (advocacy) para a mudança. Por exemplo, ativistas de direitos humanos e ambientalistas monitoram o modo como os estados, as empresas e outros grupos protegem os direitos humanos e o ambiente. Tais relatórios aumentam a conscientização do público sobre abusos e geram um registro de abusos de direitos que pode ser útil em outros processos de construção de paz como, por exemplo, negociações que requeiram critérios objetivos para determinação de danos.

A Anistia Internacional usa a frase "a mobilização da vergonha" para retratar uma dinâmica em que as organizações mobilizam um grande número de pessoas para denunciar ou constranger um Estado, empresa ou grupo com o objetivo de mudar seu comportamento. A mobilização da vergonha é uma maneira de conscientizar a população e aumentar o poder de uma organização para promover mudanças.[6]

O importante é mostrar que os **comportamentos** são vergonhosos – não as **pessoas**. A meta da mobilização da vergonha é mudar o comportamento, e não simplesmente isolar grupos que já rejeitam a condição de interdependência para com outros. O isolamento pode ser um tiro pela culatra, à medida que os grupos se tornam ainda mais entrincheirados em uma ideologia do tipo "nós contra eles", intensificando a violência contra os outros.

Protesto e persuasão

O objetivo desta abordagem é aumentar a conscientização da injustiça e constranger os perpetradores da violência por meio de atos públicos, como publicações, discursos, manifestações, ou simulação de funerais simbólicos para chamar atenção para as pessoas que morreram. Durante as eleições de 2002 no Quênia, por exemplo, as organizações da sociedade civil cobriram muros com cartazes e anunciaram em programas de rádio que uma eleição pacífica era responsabilidade de todos. Isso promoveu uma mudança histórica na liderança e reduziu o número de mortes associadas às eleições.

Não cooperação

Este tipo de ação não violenta está centrado na omissão. As pessoas interrompem suas atividades normais para demonstrar resistência a outro grupo. Sharp identifica três tipos de não cooperação.[7] **Não cooperação social** inclui boicotes de eventos esportivos ou sociais, greves estudantis, ou emigração de uma cidade ou estado. **Não cooperação econômica** inclui boicotes por parte de consumidores, retenção de aluguel, retirada de depósitos ou investimentos bancários, greves trabalhistas ou operação tartaruga (*slow-downs*) e aplicação de sanções e embargos em empresas e governos infratores. **Não cooperação política** inclui boicotes de eleições ou cargos governamentais, desobediência civil de leis injustas, como o apartheid, e recusa em reconhecer a autoridade do governo.

A **defesa civil** adota uma estratégia de não cooperação para se defender da agressão militar. Utiliza civis não armados em associação ou substituição ao exército para se defender de ataques. A defesa civil age pela recusa em cooperar com invasores.

Durante a Segunda Guerra Mundial, a Dinamarca foi o único país que conseguiu salvar a maioria da população judaica ao resistir ativamente à ocupação nazista. Quando os nazistas forçaram os judeus dinamarqueses a usar a estrela amarela, os dinamarqueses não judeus começaram a usar a estrela em solidariedade aos judeus. Na véspera do dia em que os nazistas começariam a levar os judeus para os campos de extermínio, civis dinamarqueses coordenaram uma estratégia em massa para esconder os judeus e tirá-los do país em barcos de pesca.

Os dinamarqueses também fizeram greves trabalhistas, organizaram momentos simbólicos de silêncio, sabotaram seus próprios sistemas ferroviários e utilizaram outros meios não violentos para dificultar a ocupação de seu país pelos nazistas, minando a operação. Ao mesmo tempo, os dinamarqueses protegiam sua cultura local e resistiam à ocupação, entoando canções folclóricas e encenando performances solidárias ao Rei e ao governo da Dinamarca, enquanto os nazistas marchavam nas ruas.[8] Este exemplo da Dinamarca mostra como a defesa civil pode evitar que os invasores se beneficiem de sua ocupação.

Intervenção

Esta estratégia tem como objetivo interromper o *status quo* e chamar atenção para a violência, mobilizando as pessoas para a mudança. A **intervenção psicológica** inclui jejum, exposição aos elementos ou ao perigo, de modo a pressionar os sistemas morais das pessoas. A **intervenção física** envolve sentar-se, ficar em pé, deitar-se, cantar ou promover alguma ação para invadir e ocupar um espaço público. A **intervenção social** abrange reuniões de grupo, *networking* pela internet, ligações telefônicas em sistema de árvore, encenações e peças de teatro para o público, ou interrupções estratégicas da vida cotidiana (por exemplo, sobrecarregar serviços públicos, como ônibus e linhas telefônicas). A **intervenção econômica** inclui confisco não violento de ativos e imóveis, e a criação de sistemas ou mercados alternativos de comércio econômico. A **intervenção política** inclui encarceramento, instalações governamentais sobrecarregadas e estabelecimento de governos paralelos.

A ação não violenta por si só não é suficiente para construir a paz. Intensifica o conflito e, muitas vezes, pode aumentar temporariamente o antagonismo e a tensão entre indivíduos e grupos. Os governos e outros grupos no poder podem aumentar a repressão violenta em grupos que entram em conflitos de forma não violenta, na tentativa de detê-los. Entretanto, as estratégias de entrar em conflito de modo não violento idealmente amadurecem as condições necessárias para transformar as relações e estruturas. Em muitos casos isso é essencial, pois as estruturas resistem à mudança e aqueles no poder podem ignorar os apelos de diálogo ou negociação. Os próximos capítulos analisarão outras peças do quebra-cabeça da construção de paz que, juntas, formarão uma visão unificada em direção à paz justa.

8
REDUZIR A VIOLÊNCIA DIRETA

A segunda categoria de processos de construção estratégica de paz abarca sistemas jurídicos e estruturas judiciais baseados no Estado, as forças armadas, e esforços e programas da força de paz civil, como campos de refugiados e abrigos que ofereçam moradia segura para as pessoas. Esses programas interrompem o ciclo de violência e são o alicerce para fortalecer a manutenção da paz por três vias: prevenção da vitimização, contenção dos infratores e criação de um espaço seguro.

> O objetivo dessas estratégias é prevenir a vitimização, conter os infratores e criar um espaço seguro para outros processos de construção de paz.

PREVENÇÃO DA VITIMIZAÇÃO

Em muitas guerras civis, a população civil é usada como estratégia de guerra. Os massacres civis plantam as sementes de guerras futuras e assassinatos por vingança. Em Ruanda e Burundi, a comunidade internacional não conseguiu agir ao ser alertada sobre a iminência de genocídio. Uma vez desencadeado, o ciclo de violência alastrou-se furiosamente, afetando cada rua em cada aldeia. Se agentes internacionais de paz tivessem ido à região para evitar a vitimização dos civis, um número muito menor de pessoas teria morrido, e menos pessoas ainda teriam usado armas para se vingar e matar civis do grupo étnico adversário. Quanto mais construtores de paz puderem oferecer proteção aos civis, impedindo que se tornem vítimas, maior a probabilidade de prevenirem uma expansão da guerra e da violência direta.

CONTENÇÃO DE INFRATORES

Indivíduos que cometem crimes ou atacam civis precisam ser detidos. O arcabouço jurídico ocidental utiliza a aplicação da lei e processos de justiça alicerçados no Estado para proteger os cidadãos de indivíduos que relutam ou são incapazes de obedecer à lei. Embora tal abordagem não seja sempre bem-sucedida – podendo até ser contraproducente – o sistema de segurança pública tem sua importância. Conforme observado no Capítulo 6, uma série de esforços estão em andamento para reestruturar e aprimorar os métodos de resposta a transgressões.

CRIAÇÃO DE UM ESPAÇO SEGURO

Em situações de guerra e violência é difícil ter uma perspectiva do todo e tomar decisões objetivas. As pessoas tendem a entrar no "modo sobrevivência" e tomar decisões reativas que a longo prazo podem prejudicar seus interesses. Negociações frágeis de paz perdem o ímpeto a cada bombardeio suicida em um ônibus israelense, e a cada lar palestino escavado para dar lugar a assentamentos israelenses. Os esforços para reduzir a violência criam um espaço para acalmar a situação, possibilitando o preparo de outras abordagens à construção de paz.

O conceito de espaço seguro possui três dimensões diferentes: um espaço físico para as pessoas se encontrarem, cruzando as linhas de conflito; um espaço emocional que ofereça tempo e foco para refletir cuidadosamente as opções de resposta ao conflito; e o espaço relacional, que nutre uma interação construtiva entre as pessoas e o conflito. Diversos programas podem ajudar a atingir a meta imediata de redução da violência, abrindo espaço para outras abordagens de construção de paz. Incluem sistemas jurídicos e estruturas judiciais voltados à proteção da ordem pública e dos direitos humanos; ajuda e assistência humanitária; acordos de cessar-fogo; manutenção da paz; zonas de paz e programas de alerta precoce para detectar a escalada de conflitos.

SISTEMAS E ABORDAGENS PARA REDUÇÃO DA VIOLÊNCIA

Sistema jurídico e estrutura judicial

O sistema jurídico e a estrutura judicial contribuem para o estabelecimento da ordem pública. Quando estão voltados à paz justa, segurança humana e proteção dos direitos humanos, podem auxiliar as pessoas a suprirem suas próprias necessidades, sem a interferência de outros.

O sistema jurídico e a estrutura judicial devem ser legitimados pelo serviço prestado às comunidades – e não por violência coerciva. Contudo, quando

> As leis e os sistemas de justiça podem ajudar a manter a ordem pública, algo essencial à paz sustentável.

não obtêm legitimidade por meios adequados, podem agravar o problema. O sistema jurídico e a estrutura judicial são geralmente os executores da violência estrutural que discrimina e prejudica as pessoas com base em raça, religião, classe ou identidade. Quando são baseados na vingança, o sistema jurídico e a estrutura judicial podem impulsionar e até mesmo fortalecer o ciclo da violência e da criminalidade na sociedade.

A lei e a justiça baseadas no Estado
O sistema estatal inclui a aplicação da lei, tribunais e alguma forma de sanção ou correção. No mundo ideal esses sistemas impedem que os indivíduos se prejudiquem e prejudiquem os outros, oferece aos infratores a oportunidade de refletir e mudar seus comportamentos, e incentivam os transgressores a desenvolver competências e habilidades para lidar com conflitos, de modo que possam fazer melhores escolhas. Tais sistemas jurídicos baseados no Estado são importantes para a ordem pública e o controle social. Entretanto, nas sociedades em que esses sistemas são ineficazes ou injustos, e onde muitos cidadãos não conseguem suprir suas necessidades básicas, ou onde a dependência primária baseia-se numa abordagem "dura", manter a ordem pode se tornar uma tarefa complexa. A única garantia de reduzir a criminalidade é aumentando a capacidade de as pessoas atenderem às suas próprias necessidades de uma maneira que não prejudique os demais.

Os conceitos de policiamento comunitário e justiça restaurativa vêm ganhando cada vez mais popularidade, com histórico comprovado de redução do crime. O policiamento comunitário envolve parcerias com a polícia, que incluem consultoria e responsabilidade pelas comunidades atendidas. Os processos de justiça restaurativa (descritos em mais detalhes no próximo capítulo) também têm sido cada vez mais usados para lidar com o problema de comportamentos criminosos e outros tipos de violação, de modo a promover a noção de propriedade e responsabilidade na comunidade.

Direito e justiça internacional
Os fundadores das Nações Unidas reagiram aos horrores da Segunda Guerra Mundial estabelecendo leis e direitos humanos internacionais para deter conflitos violentos e designar normas para os países. Entre elas estão leis humanitárias internacionais que estabelecem regras de guerra com o intuito de proteger e limitar danos aos civis durante um conflito armado.

Em 2002, as Nações Unidas criaram um tribunal penal internacional para responsabilizar as pessoas por crimes de direitos humanos em países que não podem ou não querem fazê-lo. No passado, dois tribunais penais *ad hoc* foram criados para julgar crimes de guerra na antiga Iugoslávia e em Ruanda. Embora a eficácia seja questionável, o objetivo desses tribunais é afirmar os direitos humanos, conter os infratores e impedir que as pessoas participem de violações brutais aos direitos humanos no futuro.

Assistência humanitária
O objetivo da assistência humanitária é aliviar o sofrimento humano. Seu papel é importante na construção de paz devido ao potencial de interromper o ciclo de violência que leva as vítimas a cometerem violência por vingança. Organizações locais religiosas e sem fins lucrativos auxiliam as vítimas da violência, fornecendo-lhes alimento, abrigo e assistência médica. Além de proporcionar apoio importante em momentos de crise, essas organizações também podem atuar em nome das vítimas, cobrando uma atitude do governo e da comunidade em relação à violência cometida.

Embora a assistência humanitária internacional siga tradicionalmente os princípios de neutralidade e imparcialidade política, pesquisas recentes revelam que tal abordagem pode intensificar o conflito se os olhos estiverem fechados para a política. Muitas vezes os recursos são sequestrados pelas partes beligerantes e os lucros são usados para a compra de mais armas. Mesmo assim, a assistência humanitária internacional é importante para suprir as necessidades e reduzir a violência. Na realidade, há uma conscientização maior de que os processos de auxílio humanitário – como entrega de alimentos, organização de programas para abastecimento de água e assistência médica em campos de refugiados, bem como a construção de moradia – oferecem uma oportunidade importante de colaboração nas linhas de conflito.

Acordos de cessar-fogo

O primeiro passo de uma negociação formal é a obtenção de um acordo entre os grupos em conflito para deter a violência. Embora os acordos de cessar-fogo não lidem com as raízes do conflito, seu objetivo é criar um espaço seguro para futuras negociações.

Os grupos engajados em um conflito manifestam sua disposição em parar de lutar ao se depararem com um impasse doloroso (*hurting stalemate*). Tal situação ocorre quando nenhum dos grupos tem condição de conquistar mais território; todos estão fartos de guerrear ou cada um dos grupos sente já ter obtido poder de barganha suficiente na mesa de negociação.

Sem um acordo de cessar-fogo é difícil – talvez até impossível – negociar questões ainda mais complexas, como governança. Se os grupos continuarem a brigar durante as negociações de paz, é pouco provável que indivíduos traumatizados por novas rodadas de violência apoiem tais conversações de paz.

Intervenção militar

Militares de todas as partes alegam promover a paz quando reduzem a violência de outros povos. Nos Estados Unidos, fabricantes de armas propagandeiam navios de guerra como "instrumentos diplomáticos" e armas nucleares como "pacificadoras". Como instituição, as Forças Armadas foram criadas para atuar como último recurso, caso a diplomacia falhe. Os Estados Unidos justificaram a guerra do Iraque como algo necessário à proteção da segurança e dos direitos humanos. No entanto, muitos atores da construção de paz debatem as regras e a eficácia das intervenções militares humanitárias. O uso da força militar para reduzir a violência do outro inevitavelmente prejudica os civis, e raramente consegue proteger os direitos humanos ou a segurança pública.

Apesar disso, outros argumentam que as Forças Armadas podem contribuir à construção de paz, desde que os esforços sejam focados em missões para promover a paz e em operações que respeitem as populações locais e as leis humanitárias. Entre os exemplos destaca-se a presença das Forças Armadas dos Estados Unidos no Haiti, em 2004, quando um conflito interno ameaçou deflagrar assassinatos em massa; e a presença do exército dos Estados Unidos na Libéria, em 2003, com o objetivo de reduzir os níveis de violência direta e, ao mesmo tempo, manter uma relação respeitosa com as populações locais. Essas atuações das Forças Armadas se assemelham mais à manutenção da paz do que a estratégias militares tradicionais, concebidas para derrotar adversários.

Manutenção da paz

A manutenção da paz tem como objetivo interromper o ciclo de violência entre grupos armados de diversas maneiras: os agentes de paz conseguem se posicionar fisicamente entre grupos armados e, além disso, observar, documentar e monitorar a violência. Podem alertar uma rede de apoiadores para que exerçam pressão diplomática nos grupos armados e seus financiadores, facilitar a comunicação entre grupos beligerantes, monitorar eleições e serem solidários com a população local para demonstrar apoio internacional.⁹ Cada uma dessas tarefas é importante para outras atividades de manutenção da paz. Os esforços civis e militares para manutenção da paz compartilham dessas metas e tarefas, mas usam meios diferentes para coagir os grupos a cessarem o conflito.

No âmbito internacional, as Nações Unidas e organizações regionais utilizam **pacifistas militares**. Em geral, atuam como polícia internacional para manter acordos de cessar-fogo, limitar a violência e auxiliar na retirada de tropas e desmobilização de grupos armados. Esses agentes de paz também podem proteger trabalhadores civis e acompanhar equipes e recursos de apoio humanitário para assegurar que serão transportados em segurança.

Apesar da importância de uma força de paz militar, sua ação é amplamente criticada. Na antiga Iugoslávia, o número de agentes era insuficiente para prevenir os massacres. Em lugares como Serra Leoa e Camboja era comum as mulheres locais serem estupradas por membros da força de paz militar ou forçadas a se prostituírem em troca de alimento. Em Chipre, agentes de paz que separavam ambos os lados do conflito podem ter ocultado a urgência de se chegar a uma solução política.

A **força de paz civil** – também conhecida como pacifistas desarmados, equipes de paz, ou intervenção externa não violenta – realiza muitas das tarefas conduzidas por pacifistas militares. Os membros da força de paz civil posicionam-se entre grupos de oposição para tentar reduzir ou deter o conflito, criando tanto uma barreira moral como física entre os grupos. Quando muçulmanos e hindus começaram a brigar nas ruas após a independência da Índia da Grã-Bretanha, o *Shanti Sena* ou "exército da paz" de Gandhi infiltrou-se em meio à violência, incentivando os manifestantes a se dispersarem e abrindo espaço para uma comunicação construtiva entre os grupos.

A **manutenção da paz por intervenção** utiliza pacifistas individuais para acompanhar pessoas ou grupos correndo risco de vida, prevenindo a violência contra eles. Algumas organizações internacionais de direitos humanos fornecem acompanhamento para funcionários locais que possam ser ameaçados ou assassinados por trabalharem na área de direitos humanos. No Sri Lanka, a Peace Brigades International fornece acompanhamento ininterrupto a civis que temem ser assassinados devido ao seu trabalho como ativistas trabalhistas, advogados de direitos humanos, ou como candidatos ou oficiais políticos.

Durante uma eleição na África do Sul, monitores da paz do mundo todo apoiaram a população local, documentando violações, facilitando a comunicação entre grupos em conflito e proporcionando uma presença calma durante uma situação potencialmente instável.

Zonas de paz

Em meio à guerra, é difícil garantir a segurança civil. As zonas de paz têm a função de criar espaços seguros para a população durante a guerra. Aldeias, cidades ou regiões negociam com grupos armados para se tornarem zonas de paz, e para proibir o porte de armas por qualquer pessoa no perímetro. Naturalmente, se os civis são alvos estratégicos aos olhos dos militares ou grupos de rebeldes, é pouco provável que as zonas de paz tenham alguma eficácia. No entanto, no caso de êxito as zonas de paz ajudarão a atenuar a violência, demonstrando que todos os grupos poderão trabalhar juntos para chegar a um acordo, ainda que pequeno, sobre as áreas livres de combate.

Programas de alerta e resposta precoce

A identificação dos padrões que levam à violência ajuda as comunidades a criarem a vontade política de lidar com os conflitos antes que se tornem violentos. Programas de alerta precoce coletam sistematicamente informações sobre indicadores específicos, como aumento na polarização étnica ou religiosa, exclusão política, prisioneiros políticos, comércio de armas, propaganda política na mídia, ou o movimento dos soldados. Os programas de resposta precoce têm como objetivo chamar atenção e obter recursos internacionais para um conflito antes que entre em erupção e se transforme em violência de massa. É bem menos oneroso e mais eficaz lidar com os conflitos antes que as pessoas fiquem traumatizadas, sejam mutiladas ou mortas, e antes que a infraestrutura do país seja destruída pela guerra.

> Um grama de prevenção da violência equivale a um quilo de construção de paz pós-violência.

Os programas detalhados neste capítulo são essenciais para deter os ciclos cada vez maiores de violência direta. Entretanto, algumas pessoas alegam que nem sempre esses programas estão adequadamente alinhados a outros programas de construção de paz; em alguns casos, podem até ser contrários a outras abordagens de construção de paz. Em muitos países, ativistas não violentos sofrem forte repressão do sistema jurídico e da estrutura judicial. Pacifistas e trabalhadores humanitários são acusados de adotar soluções momentâneas para problemas que deveriam levar em conta as causas subjacentes do conflito. Esforços para reduzir a violência a curto prazo não são suficientes, por si só, para impedir o retorno da violência.

Programas voltados à redução da violência direta devem se basear nos valores da segurança humana e paz justa. Também devem fazer parte de uma estrutura de construção de paz muito mais ampla, capaz de tratar as raízes do problema. O próximo capítulo mostrará como os processos que visam transformar a verdadeira natureza das relações contribuem para tratar essas raízes.

9

TRANSFORMAR RELAÇÕES

A transformação é um princípio fundamental de todos os programas de construção de paz. A construção de paz procura transformar indivíduos, famílias, comunidades, empresas, estruturas e governos, transcendendo as expressões destrutivas do conflito e direcionando-as para o crescimento e desenvolvimento construtivo. Uma tarefa central na construção de paz é a transformação das relações, de modo que os indivíduos que lesam e destroem comecem a se preocupar em satisfazer necessidades humanas e garantir direitos. Os processos nesta categoria de construção de paz geram oportunidades para que as pessoas se perdoem e se reconciliem. Ainda assim, a reconciliação plena nos relacionamentos é uma visão de longo prazo. A ideia de reconciliação reconhece a existência de uma dimensão espiritual, tanto no conflito como na construção de paz.[10] O conceito religioso de *shalom* incorpora essa ideia de relações corretas. O perdão e a reconciliação sinalizam mudanças profundas no modo como as pessoas se relacionam, mas não são requisitos para transformar as relações.

    A construção de paz pretende fortalecer relações que reflitam os valores fundamentais da construção de paz. Tais valores incluem a satisfação das necessidades humanas e a proteção dos direitos humanos de modo a reconhecer a interdependência, promover a união entre os povos (em vez de domínio) e limitar toda forma de violência.

Assim como uma estrutura de três pilares, as relações corretas requerem três processos de apoio inter-relacionados: curar o trauma, transformar o conflito e fazer justiça.

```
┌─────────────────────────────────────┐
│         Relações corretas           │
└──┬──────────┬──────────┬────────────┘
   │          │          │
   │ Curar    │ Trans-   │ Fazer
   │ o        │ formar o │ justiça
   │ trauma   │ conflito │
```

Esses processos incluem uma série de abordagens relacionais para tratar e cobrir os três pilares.

CURAR O TRAUMA

Trauma é um evento, uma série de eventos ou a ameaça de um evento que causa danos físicos, emocionais ou espirituais prolongados. Um trauma pode resultar, por exemplo, de violência estrutural, crime, abuso ou atos de guerra. Alguns traumas permanecem por anos ou até mesmo séculos.

"Traumas eleitos" são traumas do passado que se mantêm vivos de uma geração a outra – às vezes durante séculos – e são utilizados como grito de guerra para desencadear novas ondas de violência vingativa.[11]

As pessoas reagem de maneiras diferentes ao trauma, mas existem alguns padrões, a começar pelos efeitos fisiológicos: hormônios do estresse inundam o corpo, fazendo com que os vitimados entrem em choque e sintam dor. Em seguida, as pessoas começam a se perguntar "Por que eu?", e muitas vezes sentem vergonha e humilhação em decorrência de sua vitimização. À medida que começam a processar a violência, podem ficar deprimidas, desejar vingança, ou ambas as situações, acreditando que a vingança aliviará a depressão.

Os processos de cura e recuperação do trauma são parte essencial da construção de paz. O campo de cura do trauma busca a cura física, emocional e espiritual. Abre espaço para que os atingidos identifiquem o dano e afirmem suas necessidades. Prepara indivíduos e comunidades para que se reúnam com outras pessoas envolvidas ou relacionadas à ofensa, ou até mesmo com os próprios ofensores.

> Experiências traumáticas produzem necessidades e feridas persistentes nas pessoas.

A cura do trauma depende da construção de relacionamentos e da reconexão com a própria noção de "eu", com a dimensão espiritual, com outros indivíduos e com o ambiente em que vivem. Ajuda o corpo a descarregar os efeitos fisiológicos do trauma. Isso costuma acontecer à medida que as vítimas formam uma comunidade de sobreviventes e encontram alívio, abrindo-se com outros que passaram por situações semelhantes de violência e perda. Os processos de cura do trauma auxiliam as vítimas a dar passos construtivos, evitando que elas mesmas e outros sofram mais traumas no futuro.

A cura do trauma envolve uma série de princípios.

Princípios da cura e recuperação do trauma
- Nomear o trauma
- Trabalhar as emoções e os efeitos fisiológicos
- Encontrar sentido espiritual
- Estabelecer relações significativas com os outros
- Recuperar a autonomia
- Buscar as causas do trauma e trabalhar para aliviá-las[12]

A ausência de programas para cura e recuperação do trauma – ou pelo menos para sensibilizar a população sobre as necessidades das vítimas – poderá trazer desafios adicionais a outros processos de construção de paz, como assistência humanitária, manutenção de paz e até mesmo negociação. Sem a cura, a experiência do trauma pode gerar comportamentos transgressores; não é por acaso que tantos vitimizadores já foram vítimas ou continuam se percebendo como tal. Os programas de cura do trauma ajudam os agredidos a se identificarem como sobreviventes capazes de se tornarem agentes de paz ativos para mudar sua situação.

TRANSFORMAÇÃO DE CONFLITOS

Os processos de transformação de conflitos utilizam a comunicação democrática para tratar as causas subjacentes do conflito e oferecer soluções satisfatórias para todas as partes. A transformação de conflitos está centrada em vários princípios:

Princípios da transformação de conflitos
- Identificar as experiências e questões que provocaram a sensação de dano, trauma e injustiça
- Construir relações entre as pessoas em conflito, na esperança de chegar ao perdão e ao processo de reconciliação

- Desenvolver soluções criativas que atendam às necessidades de todos
- Empoderar todos os envolvidos para que transformem seus próprios conflitos

Os processos de transformação de conflitos são necessários em todos os níveis para prevenir e cessar conflitos violentos. Incluem esforços de diplomatas internacionais; políticos e formuladores de políticas públicas; organizações empresariais, religiosas e midiáticas; e líderes comunitários. Os processos de transformação de conflitos não são úteis apenas entre grupos beligerantes – também têm seu papel entre aliados. A diversidade e o conflito surgem tanto em comunidades israelenses e palestinas separadamente, por exemplo, como entre ambos os lados. Os processos de transformação de conflitos promovem a criação de oportunidades efetivas de coalizão e negociação democrática em um dos lados – ou entre vários lados – de um conflito. Essas competências e processos também são necessários em uma ou entre várias organizações de construção de paz, pois permitem melhorar a coordenação e desenvolver relações construtivas. A seguir, algumas das abordagens adotadas na transformação de conflitos.

ABORDAGENS ADOTADAS NA TRANSFORMAÇÃO DE CONFLITOS

Diálogo

O processo de diálogo reúne grupos de pessoas sob a orientação de um facilitador para discutir questões importantes e aumentar a compreensão. O diálogo é um elemento essencial da democracia. É especialmente necessário para as comunidades que enfrentam algum problema urgente, precisam tomar uma decisão importante, sofreram ou são ameaçadas de violência, ou sentem maior hostilidade entre os membros.

Processos formais de diálogo incentivam as pessoas a compartilhar experiências pessoais, percepções e crenças, proporcionando uma compreensão mais profunda das questões. Constroem relações transversais em sociedades divididas. De preferência, esses grupos de diálogo são mantidos por um longo período de tempo, e ajudam o grupo a tomar as medidas necessárias para lidar com as questões em pauta. Os processos de diálogo buscam melhorar a comunicação e formar relações entre pessoas com diferentes experiências e visões. Ajudam a obter uma melhor avaliação da complexidade dos conflitos, maior apropriação destes, e capacidade de lidar com as dimensões estruturais do conflito.[13]

Negociação ganha-ganha (*Principled Negotiation*)

O diálogo criado especificamente para encontrar uma solução a um conflito é uma negociação. As pessoas negociam informalmente o dia inteiro em seus locais de trabalho ao fazerem acordos comercias e políticos. O campo da transformação de conflitos pretende tirar as pessoas das formas "amenas" de negociação (em que se mostram "amáveis" demais para assegurar suas próprias necessidades e desejos) e afastá-las também de uma negociação "dura", na qual negligenciam as relações e tentam atingir suas próprias metas à custa dos outros. A negociação ganha-ganha é um conjunto de estratégias desenvolvidas para criar e preservar as relações com os outros e, ao mesmo tempo, encontrar uma solução criativa para que todos saiam ganhando e tenham suas necessidades atendidas.[14]

Mediação

Mediação é um processo de negociação guiada e auxiliada por uma pessoa de confiança. Um mediador ajuda as partes do conflito a compartilhar suas perspectivas e experiências, identificar necessidades subjacentes, fazer um *brainstorm* de opções criativas para lidar com as necessidades e chegar então a um acordo final. Assim como a negociação ganha-ganha, a mediação tenta atender às necessidades de ambas as partes por meio de uma solução sustentável e satisfatória para os envolvidos.

Treinamento

Em geral, os programas de treinamento enquadram-se na categoria de capacitação da construção de paz. Entretanto, o treinamento também é uma intervenção usada para transformar conflitos. Aparentemente os workshops de treinamento para grupos em conflito ensinam habilidades de comunicação e negociação, mas muitos acabam se tornando um fórum para construir relações, identificar questões-chave e desenvolver opções para lidar com as raízes de conflitos violentos. Workshops sobre solução de problemas são uma forma de capacitar os participantes de diferentes lados de um conflito a fim de adquirirem habilidades para analisar questões fundamentais e solucionar problemas com criatividade.

FAZER JUSTIÇA

Enquanto no capítulo anterior apresentamos o papel do sistema jurídico e da estrutura judicial na redução da violência, este capítulo discutirá a capacidade destes para transformar as relações. Quando as pessoas podem ser claramente identificadas como vítimas ou transgressoras, os sistemas formais de justiça jurídica e penal exercem um papel importante no estabelecimento da ordem pública e na aplicação da justiça. Contudo, esses sistemas também podem ser injustos, e raramente focam na cura e na transformação das pessoas e das relações. Além disso, possuem valor limitado quando as vítimas e os transgressores não podem ser claramente identificados.

Os processos de justiça restaurativa e transicional identificam os danos, necessidades e responsabilidades das pessoas envolvidas no conflito e/ou crime, e geram soluções que atendem a essas necessidades.

Justiça restaurativa

Os processos de justiça restaurativa podem ser uma alternativa ou um complemento ao sistema de justiça penal baseado no Estado. Este último tende a focar na identificação das leis violadas e do autor da violação, e no modo como o Estado deve punir o infrator. Embora essa abordagem traga algumas vantagens, um dos principais pontos fracos é a responsabilização do infrator perante o Estado, e não perante a vítima. Em geral as vítimas são totalmente afastadas do processo de justiça, sem a devida atenção para seus traumas ou necessidades. Os transgressores não são incentivados a compreender e lidar com sua responsabilidade perante aqueles que lesaram.

A justiça restaurativa integra as pessoas em processos conjuntos de identificação de obrigações e responsabilidades resultantes de injustiça e violência, atendendo a necessidades e promovendo a cura. A justiça restaurativa coloca o foco nas necessidades das vítimas – como a obtenção de informações sobre o crime; um lugar para contar sua história de vitimização; narração da verdade pelos transgressores; empoderamento no processo de justiça; e indenização dos transgressores às vítimas. Em alguns processos de justiça restaurativa, as necessidades do transgressor e as causas mais profundas de seu comportamento também são exploradas. No livro *Justiça Restaurativa*, Howard Zehr sugere que a justiça restaurativa se concentra nas seguintes questões:[15]

Perguntas balizadoras da justiça restaurativa
- Quem sofreu o dano?
- Quais são suas necessidades?
- De quem é a obrigação de supri-las?
- Quem foi impactado ou tem interesse nessa situação?
- Que processos podem ser utilizados para envolver as partes interessadas na identificação de uma solução?

Justiça transicional

Os programas de justiça transicional são utilizados em contextos do pós-guerra em que a autoridade governamental é fraca ou inexistente, principalmente em sociedades emergentes de guerras ou ditaduras. Incluem o estabelecimento de novos sistemas jurídicos e estruturas judiciais que integrem as necessidades e anseios dos habitantes, culturas e instituições locais, com base em leis e normas internacionais de direitos humanos. Procuram fazer justiça com uma visão voltada à paz. Incluem, cada vez mais, uma comissão da verdade e/ou de reconciliação que adote alguns princípios de justiça restaurativa.

Métodos com foco na verdade e reconciliação têm como objetivo identificar indivíduos ou grupos que atacaram civis, e oferecer às vítimas um processo que lhes permita identificar suas necessidades e obter reparações simbólicas e financeiras. O enorme número de crimes e o atraso nas investigações de crimes de guerra tornam a identificação dos transgressores difícil, morosa e cara. Raramente os infratores estão dispostos a confessar o crime por medo de punição, e por verem suas ações pela lente da autodefesa ou como um esforço para conquistar seu próprio sentido de justiça. Programas voltados à verdade e à reconciliação, como a Truth and Reconciliation Commission – TRC [Comissão da Verdade e da Reconciliação] da África do Sul, podem oferecer aos violadores de direitos humanos algum tipo de anistia em troca da admissão de culpa. Os programas de anistia incentivam infratores individuais a revelarem às vítimas e suas respectivas famílias aquilo que elas precisam saber sobre os crimes cometidos. Um meio-termo entre os programas de anistia e a justiça baseada em punição pode incluir mais etapas para responsabilizar os ofensores diretamente perante as vítimas, permitindo que o dano seja reparado.

Governança e formulação de políticas públicas

As relações estão presentes no cerne da governança e da formulação de políticas públicas. O governo é uma estrutura para orientar como as pessoas se relacionarão umas com as outras, tomando decisões com base em leis e regulamentos. Os governos são responsáveis pela formulação de políticas sobre temas que afetam a população. Grupos ativos da sociedade civil apoiam a formulação de políticas reunindo as principais partes interessadas, analisando questões importantes e desenvolvendo propostas criativas para lidar com interesses públicos. Por exemplo, os conflitos ambientais são cada vez mais abordados no escopo de processos públicos que incluam todas as partes interessadas, na busca de soluções que atendam às necessidades de todos os grupos.

Transformação por rituais e símbolos

Os processos descritos neste capítulo dependem basicamente da comunicação verbal. Entretanto, muitas pessoas não veem sentido em expressar suas experiências de violência ou suas necessidades por meio de palavras. Rituais e símbolos são formas de comunicação que ajudam a se expressar. Em muitas conversas formais de paz, os facilitadores organizam refeições elaboradas para os participantes. Em trabalhos para cura do trauma, o uso de velas, orações e cerimônias auxiliam as pessoas a se sentirem seguras para manifestar suas emoções e falarem sobre o trauma. Na sala do tribunal, símbolos da justiça contribuem para ressaltar a autoridade especial e a seriedade envolvida no processo de justiça.

Os rituais podem ser ferramentas úteis para marcar o processo de transformação. Um ritual ajuda a transformar a identidade de um indivíduo, conduzindo-o da condição de vítima a sobrevivente do trauma. Em mediações, um ritual de encerramento pode incentivar as pessoas a se identificarem como companheiras na solução de problemas em vez de se perceberem como partes de um conflito. Em algumas culturas, rituais tradicionais – como o sacrifício de um touro ou cabra, beber um determinado chá ou bebida alcoólica, ou realizar uma cerimônia formal – são essenciais à construção de paz. A formalidade do ritual pode simbolizar a seriedade do acordo de paz e a intenção honesta dos envolvidos.[16]

Os processos apresentados neste capítulo são fundamentais à construção de paz; na realidade, compõem sua essência. A qualidade das relações entre os construtores de paz e as comunidades servidas por eles impacta a eficácia da mobilização das comunidades em que trabalham. Sem as habilidades e os processos necessários para lidar com o trauma, transformar conflitos ou recuperar o sentido de justiça, as comunidades não conseguirão criar uma cultura de paz ou apoiar governos democráticos na proteção ativa dos direitos humanos. No entanto, tais processos, por si só, não bastam. O próximo capítulo nos levará a um contexto ainda maior: as estruturas, instituições, políticas e organizações que modelam a forma como as culturas respondem ao conflito.

10

CAPACITAÇÃO

Além de cessar um conflito violento, a construção de paz também almeja criar condições para uma **cultura** de paz justa. As sociedades refletem uma cultura de paz e justiça quando tratam das necessidades e direitos de todos os indivíduos, e são totalmente capazes de expressar o conflito por processos democráticos. Em vez de considerar a cultura algo estático, a capacitação voltada à paz justa precisa que as pessoas saibam como se responsabilizar pela formação de sua cultura e de toda a arquitetura da sociedade que a sustenta (inclusive estruturas, instituições, políticas e organizações).

Programas de capacitação criam comunidades e sociedades aptas para aceitar o desafio de um planejamento a longo prazo. Embora a ideia de planejamento a longo prazo pareça apenas uma questão de bom senso, na realidade a política pública costuma surgir como uma resposta urgente à crise, e não como um planejamento criterioso para o futuro. O tempo necessário para cessar um conflito costuma ser o mesmo período que se levou para criá-lo. Em geral, décadas – não apenas meses ou anos.

A sustentabilidade é um princípio-chave nesta categoria de construção de paz. Requer pensamento e planejamento a longo prazo, a criação de padrões de relacionamento construtivo entre as pessoas e o ambiente, e o desenvolvimento de habilidades e recursos humanos para suprir as necessidades humanas por muitas gerações. A capacitação inclui programas de treinamento e educação, desenvolvimento, transformação e conversão de estruturas militares, mudando o foco para segurança humana, pesquisa e avaliação.

ABORDAGENS PARA A CAPACITAÇÃO

Educação

O ideal é que todas as formas de educação transmitam aos indivíduos os valores e habilidades necessários para viverem em paz uns com os outros. Educação inclui a socialização informal na família, a mídia, e a cultura; escolaridade formal, e educação religiosa. Cada tipo de educação tem o potencial de nutrir o amor e o respeito entre as pessoas e pode ser uma influência fundamental na construção de paz. A educação pode empoderar as pessoas, permitindo-lhes definir seu ambiente e gerar um impacto positivo no mundo ao seu redor.

Algumas formas específicas de educação são especialmente vitais para capacitar as sociedades e comunidades para a paz. A **educação para a paz** explora as causas do conflito e as condições de paz. O **treinamento em transformação de conflitos** oferece a oportunidade de aprender habilidades analíticas, comunicativas e relacionais. A **educação em direitos humanos** empodera os indivíduos, provendo-lhes o conhecimento necessário para dar voz a seus direitos humanos, e ajudando-os a usar sistemas jurídicos e estruturas judiciais internacionais para proteger tais direitos. A **educação ambiental** promove a conscientização do impacto da atividade humana no ambiente e mostra como os seres humanos podem viver de maneira sustentável, com o mínimo de impacto negativo no ambiente.

A mídia também é uma forma de educação, pois fornece informações e traça as visões de mundo das pessoas. Os programas de paz promovidos pela mídia têm a intenção de divulgar dados objetivos sobre conflitos violentos, ajudar as pessoas a reconhecerem a propaganda política e aumentar a conscientização sobre alternativas pacíficas. Em Ruanda e Burundi, os programas de paz transmitidos pelas estações de rádio são uma alternativa ao chamado à violência e ao ódio lançado por outros veículos de comunicação.

Desenvolvimento

Desenvolvimento é um processo contínuo, voltado à promoção da prosperidade, felicidade e qualidade de vida humana. Tem como objetivo fortalecer a capacidade da comunidade de suprir as necessidades humanas e proteger os direitos da população. Desenvolvimento e paz são interdependentes. A guerra impede ou reverte o desenvolvimento. Por outro lado, o desenvolvimento pode ajudar a manter e nutrir a paz.

O campo do desenvolvimento está lutando para definir seu papel na construção de paz. Algumas pessoas preferem se concentrar na meta de suprir as necessidades humanas, mantendo-se distantes de processos de construção de paz que lidem com questões políticas (por exemplo, comércio de armas, rivalidade étnica ou ausência de democracia). Outras pessoas veem no desenvolvimento uma oportunidade de contribuir para a construção de paz em coordenação com outros atores da construção de paz, incentivando a colaboração em sociedades divididas e lidando com as raízes estruturais do conflito.

O desenvolvimento promove a inovação e a troca de ideias sobre como uma comunidade pode aumentar sua capacidade de suprir as necessidades humanas e proteger seus direitos.

As equipes de desenvolvimento ajudam as comunidades a identificar soluções para seus próprios problemas, criando, por exemplo, sistemas econômicos justos e reduzindo a transmissão da AIDS, a violência doméstica e outros fatores que geram sofrimento. As organizações de fomento ao desenvolvimento também promovem a divulgação e intercâmbio de inovações locais com outras comunidades. Graças ao compartilhamento dessas ideias e ao uso de recursos locais, o desenvolvimento empodera as comunidades a solucionarem suas próprias dificuldades.

O desenvolvimento se apresenta de muitas formas. O **desenvolvimento econômico** tem como meta a criação de empresas e instituições financeiras que ajudem as pessoas a suprir suas necessidades materiais básicas. O desenvolvimento econômico se expressa de diferentes maneiras: uma delas – a globalização – é criticada e considerada injusta por enriquecer as corporações internacionais ao mesmo tempo em que intensifica a pobreza ou faz pouco para aliviá-la. Os processos de globalização tendem a seduzir a população de baixa renda, que sai das aldeias para morar em favelas urbanas e trabalhar por apenas um ou dois dólares por dia. Outras formas de desenvolvimento econômico – como o estabelecimento de empréstimos de microcrédito e o incentivo a sistemas sustentáveis de agricultura e coleta adequada de recursos ambientais – parecem reduzir a pobreza de maneira mais concreta.

O **desenvolvimento político** tem como meta garantir que a comunidade e os líderes da nação terão as habilidades necessárias para conduzir processos justos de tomada de decisões, e que as instituições estarão preparadas para facilitar esses processos. Os governos obtêm legitimidade por meio do Estado de Direito e pela ampla participação dos cidadãos.

As instituições e processos democráticos zelam pela liberdade do povo de engajar-se em atividades que promovam a mudança pela comunicação verbal, não por meios militares. A segurança básica é essencial à arena política, pois permite que grupos minoritários e opositores expressem suas opiniões em segurança. O desenvolvimento político utiliza conferências ou fóruns nacionais e diálogos na comunidade para discutir questões importantes.

O **desenvolvimento social ou comunitário** tem por objetivo aumentar a capacidade das comunidades, organizações cívicas e religiosas, e de outros atores para trabalharem juntos e discutirem questões. Os programas incluem treinamento em liderança, diálogo, desenvolvimento organizacional e a criação de instituições e organizações da sociedade civil.

Reconstrução é uma forma de desenvolvimento econômico, político e social voltado a sociedades no pós-guerra. No contexto do pós-guerra ou na fase de reconstrução, os governos tentam substituir ou reparar os danos à infraestrutura para que as economias possam se recuperar.

Os programas de desenvolvimento podem proporcionar uma das oportunidades mais importantes à formação de relações e confiança entre grupos em conflito. Na verdade, tais grupos em conflito podem ter muito mais interesse em trabalhar juntos para construir uma escola para os jovens, ou aprender novas habilidades de micro empreendedorismo, do que em reunir-se para dialogar sobre reconciliação. Às vezes os conflitos podem se transformar quando o foco não está no próprio conflito, mas em uma meta comum, como melhor qualidade de vida, por exemplo.

Assim como em outras formas de construção de paz, o campo do desenvolvimento também pode provocar um impacto negativo. A assistência ao desenvolvimento pode aumentar a violência se utilizada para beneficiar alguns grupos em detrimento de outros. Grandes volumes de recursos voltados ao desenvolvimento são roubados por funcionários corruptos nos países receptores e podem até ser utilizados na compra de armas para impulsionar os conflitos. Alguns governos dão auxílio a projetos de desenvolvimento para beneficiar produtores em seus próprios países, mas ao mesmo tempo prejudicam os países receptores, inundando esses mercados com produtos estrangeiros que tiram os produtores locais da atividade.

Conversão das atividades militares convencionais

Alguns construtores de paz concentram-se em mudar a natureza das instituições militares em seus esforços para construir uma cultura de paz justa. Os programas de conversão das atividades militares convencionais têm como objetivo aumentar a autoridade civil sobre os militares, direcionando o foco dos treinamentos e tarefas militares à segurança humana, canalizando recursos e orçamentos militares em prol da segurança humana, e apoiando o desarmamento internacional. Incentivam o desenvolvimento e o uso de armas não letais para imobilizar e capturar transgressores sem ferir civis.

Nos Estados Unidos, os esforços de conversão militar estão dirigidos à mudança das estruturas militares existentes para que abracem uma agenda mais ampla de segurança humana, focando em necessidades e direitos humanos globais, além dos interesses de segurança nacional. Grupos como o Center for Defense Alternatives [Centro para Alternativas de Defesa], com sede nos Estados Unidos, examinam as atuais ameaças à segurança – principalmente após 11 de setembro de 2001 – e oferecem sugestões detalhadas para mudar a política e a infraestrutura militar dos Estados Unidos, permitindo que lidem melhor com questões de segurança global e não apenas nacional. Também propuseram alternativas estratégicas à guerra no Iraque liderada pelos Estados Unidos. Outra organização, a Coalition to Oppose the Arms Trade – COAT [Coalizão para Oposição ao Comércio de Armas] trabalha para converter indústrias e bases militares em estruturas para uso civil e fornecer emprego alternativo àqueles que servem às Forças Armadas ou trabalham em fábricas de armas.

No contexto do pós-guerra, programas de conversão militar desmobilizam, reintegram e reciclam antigos combatentes para que vivam e participem de suas comunidades. Os construtores de paz trabalham na desmobilização em países como Libéria e Serra Leoa, onde grandes grupos militares oprimiram as populações locais.

Pesquisa e Avaliação

A pesquisa contribui para a construção de paz de muitas formas. Estudar a dinâmica e as causas do conflito pode trazer alívio, já que as pessoas envolvidas no processo obtêm maior lucidez. A meta da pesquisa avaliativa é aprender com esforços da atualidade e do passado para construir a paz. O que deu certo? Como deu certo? O que não deu certo?

A pesquisa também é utilizada para desenvolver novas ferramentas, métodos ou projetos para a construção de paz. As agências de fomento pesquisam maneiras mais eficazes de levar água limpa a comunidades remotas, prevenir a disseminação do HIV/AIDS ou fornecer alimentos, articulando um esforço comunitário, cooperativo, que contribua para a paz. *Think tanks*, ou instituições de pesquisa, desenvolvem propostas para governança democrática que possam ser adotadas em diferentes culturas e criem modelos econômicos para que as economias priorizem a satisfação das necessidades humanas e, ao mesmo tempo, forneçam incentivos financeiros para inovação e dedicação ao trabalho. Outras instituições de pesquisa criam projetos para o desenvolvimento de transporte, moradia e indústrias que possam utilizar fontes de energia renovável. Os programas de capacitação descritos neste capítulo plantam as sementes de uma cultura que apoia a paz justa. Esta quarta categoria de construção de paz tem o potencial de tirar de atividade as outras três. Se cada comunidade e nação tivesse educado seus cidadãos para promover a paz e contribuir para o benefício de todos; focado no desenvolvimento econômico, político e social; convertido sua ênfase militar em segurança humana; e se envolvido em pesquisa contínua para melhorar a qualidade de vida, haveria muito menos violência estrutural e direta, e menor necessidade de soluções a curto prazo para resolver tais problemas. A combinação das quatro categorias de construção de paz apresentadas nos quatro últimos capítulos requer ferramentas de desenho estratégico, assunto que será analisado no próximo capítulo.

DESENHO ESTRATÉGICO DA CONSTRUÇÃO DE PAZ

Poucos dias após a tragédia de 11 de setembro de 2001, viajei com meu marido e minha filha para Fiji com o propósito de ajudar a promover uma conferência nacional de paz. Perplexa com os eventos em meu próprio país, lutei para formular um discurso esperançoso e acolhedor aos participantes. Encerrei com a citação de um construtor de paz latino-americano sobre plantar tamareiras. Resumindo, grosso modo, a citação roga às pessoas para que comecem a plantar desde já as sementes das árvores que darão frutos às gerações do futuro. Plantar sementes de paz requer uma estratégia. As principais tarefas da construção de paz incluem: tomar decisões sobre o que precisamos fazer para que o sonho se realize; imaginar quem pode plantar as sementes e nutrir este sonho; e propor quando, onde e como o plantio deve ser realizado. Meu colega e mentor John Paul Lederach utiliza um conjunto de estruturas estratégicas para tomar decisões sobre os aspectos "o que", "quem", "quando", "onde" e "como" na construção de paz.[17] Seu trabalho compõe a estrutura de organização deste capítulo. Cada um dos subtítulos a seguir oferece uma série de ferramentas para ajudar os construtores de paz a tomarem decisões estratégicas. Cada uma dessas ferramentas tem pontos fortes e fracos, portanto a melhor maneira de utilizá-las é associando-as a outras ferramentas.

O "O QUE" ESTRATÉGICO

Como os construtores de paz decidem o que fazer? Existem muitas ferramentas analíticas úteis para criar estrategicamente uma série coordenada de programas de construção de paz com base nos recursos disponíveis, necessidades e questões fundamentais, capazes de despertar a atenção e motivação das pessoas. Cada uma dessas ferramentas será brevemente revisada aqui.

Capacidade local para a construção de paz
Colocar foco na capacidade ou nos recursos locais para a promoção da paz é um passo inicial importante. Somente a população local é capaz de criar planos de ação para seu futuro. É importante identificar indivíduos, programas, sistemas, símbolos, atitudes e tradições locais que ajudem a conectar as pessoas e manter uma arquitetura de relações para apoiar a paz.[18] O foco na capacidade local para a construção de paz tem como objetivo aproveitar e aprimorar o que já está dando certo, e minimizar possíveis danos e falhas nas atividades de construção de paz que vieram de fora. A cultura local é vista como um recurso para a construção de paz. A intenção é aprender com o passado e levar a sério o desafio de tornar todos os atores da construção de paz responsivos às culturas locais.

Uma segunda abordagem para identificar os elementos necessários à construção da paz é denominada **investigação apreciativa** ou **avaliação baseada em ativos**. Esse método aprecia e avalia o que já está acontecendo, utilizando questões-chave que podem ajudar as pessoas a pensar em sua situação sob um novo prisma. Em vez de focar em problemas, as abordagens positivas à construção de paz visam identificar sucessos e pontos fortes que podem ser aproveitados e apoiados pelas intervenções de construção de paz.[19] Da mesma forma, a metodologia do The Listening Project utiliza entrevistas livres de ameaça e processos de diálogo para permitir que as pessoas expressem seus pontos de vista e proponham soluções aos problemas da comunidade.

Avaliação das necessidades
A avaliação das necessidades ajuda as comunidades a discutirem suas reais necessidades e, ao mesmo tempo, estabelecerem várias opções para satisfazê-las. Essa avaliação pode auxiliar as comunidades a identificarem onde precisam se capacitar e como podem suprir suas próprias necessidades. O mapa da violência apresentado na página 28 pode auxiliar as comunidades a nomearem os diversos tipos de violência que estão enfrentando. O mapa de construção de paz na página 31 pode ser uma ferramenta de avaliação das necessidades para que as comunidades verifiquem quais intervenções ou programas de construção de paz já estão em andamento em suas comunidades e o que pode ser desenvolvido como parte de uma estratégia de construção de paz.

Conectores e divisores
Cada comunidade possui um conjunto de sistemas, instituições, atitudes, valores, experiências, símbolos e situações que conectam e dividem as pessoas. Conectores (como a música ou uma linguagem em comum) são pontes entre indivíduos em conflito. Divisores (como propaganda de guerra ou preconceito étnico) favorecem o surgimento de conflitos. As estratégias para construção de paz devem apoiar e aumentar o número de conectores e inibir ou bloquear divisores.[20]

Estrutura

A construção de paz requer escolhas estratégicas sobre como estruturar as questões de maneira a mobilizar as pessoas para a ação.

As estruturas atuam com diferentes perspectivas: fornecem linguagem, metáforas e teorias para que as pessoas compreendam uma questão grande e complexa. Gandhi era especialista em elaborar estruturas e lidou com o objetivo da descolonização por uma série de questões menores, como o direito dos indianos produzirem seu próprio sal ou usarem as roupas de sua tradição. Para muitas pessoas, falar sobre paz e reconciliação significa fazer concessões ou passar para o outro lado. Falar sobre paz como uma estratégia de segurança ou prevenção do terror a longo prazo costuma ser mais convincente. Encontrar a melhor estrutura ou porta de entrada para discutir um assunto é algo que provoca um impacto tremendo na reação das pessoas. Às vezes a melhor estrutura é a imparcial, pois agrada a todas as partes do espectro político.

A ideia de estruturar as questões está relacionada ao conceito de "situação que se apresenta", de John Paul Lederach – uma determinada crise ou aspecto de um conflito que chama nossa atenção.[21] Uma "situação que se apresenta" (um caso específico de estupro numa comunidade, por exemplo) acaba conscientizando a população. É um ponto de partida para falar de problemas que podem ter raízes e histórias muito mais profundas (por exemplo, a maneira como a mídia retrata as mulheres e as atitudes sexistas).

Persuasão e coerção

Os processos de construção de paz utilizam tanto métodos coercivos como persuasivos para promover a mudança. Decidir quando usar persuasão, coerção ou ambos numa estratégia de construção de paz requer uma análise cautelosa da situação.

A persuasão incentiva as pessoas a mudar, convencendo-as de que a mudança é de seu próprio interesse. Isso acontece por autorreflexão, desenvolvimento de relações, e troca de experiências e ideias. Quando as pessoas escolhem mudar voluntariamente de ideia e comportamento com base no que aprenderam durante uma negociação ou diálogo, é mais provável que se sintam bem com a mudança e que esta seja mais duradoura. Entretanto, a persuasão, por si só, nem sempre dá certo. De acordo com Martin Luther King Jr., "A liberdade nunca é concedida voluntariamente pelo opressor; deve ser reivindicada pelo oprimido". A coerção pressiona as pessoas a mudarem, fazendo com que "sofram" por isolamento, pressão ou força social, psicológica, política, econômica ou física. Embora a violência em si seja coerciva, existem também meios não violentos de provocar a mudança. As estratégias coercivas de construção de paz incluem agentes de direitos humanos que mobilizam a vergonha por meio de sanções ou boicotes econômicos, e membros de uma força de paz civil que tentam forçar os grupos a parar de brigar.

Todavia, somente coerção não resolverá os problemas nem trará paz sustentável. Além disso, algumas estratégias coercivas podem ser contraproducentes. A aplicação de estratégias coercivas e persuasivas requer capacidade aguçada de julgamento e precisão no *timing*. Este tópico será discutido novamente na seção "O 'Quando' Estratégico".

Níveis de transformação

Lederach alega que a construção de paz requer um incentivo à transformação em nível pessoal, relacional, cultural e estrutural.[22]

- **Mudança pessoal** inclui novas atitudes, comportamentos e conhecimento pelos indivíduos envolvidos no contexto.
- **Mudança relacional** inclui novas ou melhores relações entre os grupos envolvidos no contexto.
- **Mudança cultural** inclui o fortalecimento de valores que apoiem a paz.
- **Mudança estrutural** inclui novas instituições, políticas e/ou líderes.

Níveis de Transformação

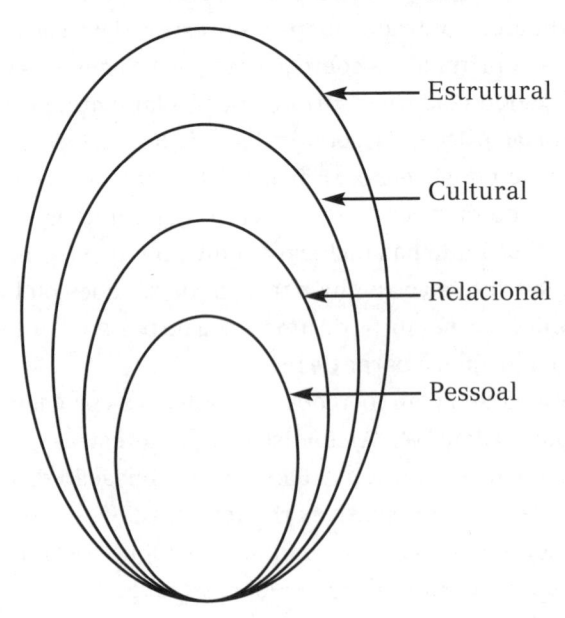

- Estrutural
- Cultural
- Relacional
- Pessoal

  É possível que nem todo programa ou atividade de construção de paz aborde todos esses níveis. Entretanto, uma estratégia coordenada de construção de paz incluirá todos os níveis por meio de vários programas. Por exemplo, alguns grupos em Ruanda focam seu trabalho na cura do trauma individual e em programas de tolerância que ajudem as pessoas a refletir a respeito de suas próprias atitudes. Outros grupos organizam programas de diálogo para desenvolver relações entre grupos na comunidade. Organizações internacionais de construção de paz, como a Search for Common Ground, focam na mudança cultural criando novelas de rádio que destacam valores e habilidades pacíficas. Por último, as Nações Unidas e a Organização da Unidade Africana estão trabalhando numa mudança estrutural para criar um novo conjunto de líderes capazes de trabalhar juntos, cruzando as barreiras da etnia e do conflito. Algumas pesquisas revelam que programas voltados à mudança individual contribuem para a construção de paz sustentável somente quando ligados de forma explícita a metas de mudança estrutural.[23]

O "QUEM" ESTRATÉGICO

A construção de paz é responsabilidade de todos. Decidir quem deve ser envolvido nos processos de construção de paz requer mais decisões estratégicas.

Diplomacia de múltiplas vias (*Multi-Track Diplomacy*)
Os governos são responsáveis pela integridade física e segurança de seus cidadãos. No entanto, não são os únicos responsáveis nem capazes de construir a paz sozinhos. Durante a Guerra Fria, uma série de esforços não governamentais para desenvolver relações entre a União Soviética e os Estados do Ocidente deram credibilidade aos papéis de construtores da paz de cidadãos individuais e atores da sociedade civil como um todo. Esses esforços não governamentais ficaram conhecidos como "Track II", complementando a "Track I" ou diplomacia do Estado.

O conceito de diplomacia de múltiplas vias (*multi-track diplomacy*) reconhece a diversidade de atores na Track II, que incluem a mídia, profissionais de resolução de conflitos, empresas, organizações e líderes religiosos, ativistas, cidadãos comuns, pesquisadores, educadores, mulheres, jovens e estruturas de liderança tradicional.[24]

A liderança tradicional, composta por anciãos, chefes indígenas e reis, existe em muitas comunidades no mundo e possui uma riqueza de cerimônias tradicionais, rituais e costumes voltados à construção de paz em suas comunidades. Em muitas ilhas do Pacífico Sul, por exemplo, seria inadmissível excluir anciãos, chefes indígenas e reis locais dos processos de construção de paz entre diversos grupos étnicos. A população local respeita essas autoridades de maneira equivalente (ou talvez até superior) a dos governos do Estado. Nas sociedades ocidentais, líderes religiosos ou da comunidade local podem exercer um papel semelhante. Reconhecer os diversos atores envolvidos na construção de paz requer coordenação e colaboração entre múltiplas vias (*tracks*).

Pessoas-chave e massas críticas

O "quem" estratégico da construção de paz requer a identificação prévia dos atores capazes de instigar uma mudança significativa. Lederach usa duas metáforas para descrever como pessoas-chave podem mobilizar grande número de pessoas em prol da paz.[25]

Pessoas-chave são como fermento numa receita de pão: embora a quantidade de fermento seja pequena em comparação à da farinha, o fermento faz com que o resto do pão cresça. É capaz de promover uma grande mudança.

Pessoas-chave também são como um sifão: os sifões permitem a passagem de pequenas quantidades de líquido por um tubo por meio de sucção. Quando uma pequena quantidade de líquido é sugada, o resto do líquido acompanha, passando de um recipiente a outro.

Determinar o "quem" estratégico requer uma análise de quais indivíduos ou grupos podem agir como o líquido inicial que passa pelo tubo, ou como o fermento na produção do pão. Às vezes esses líderes são chamados de formadores de opinião, pois podem determinar a opinião de seus seguidores.

Líderes-chave são importantes à construção de paz de duas maneiras: primeiro, podem ter autoridade e oportunidade de tomar decisões importantes, capazes de reduzir a violência e cuidar de necessidades básicas. Segundo, talvez consigam usar sua influência para criar uma massa crítica – tantas pessoas abraçarão suas ideias e soluções que a mudança será inevitável. A mídia, a educação e outros processos também podem ajudar a criar uma massa crítica de indivíduos comprometidos com a construção de paz.

Capacidade vertical e horizontal

Os atores da construção de paz atuam em diferentes níveis da sociedade. Lederach usa uma pirâmide para ilustrar isso.[26] Em cada nível da pirâmide há pessoas capazes de inspirar e liderar esforços para a mudança social. No topo da pirâmide, as Nações Unidas, os governos nacionais e lideranças religiosas, como o World Council of Churches [Conselho Mundial de Igrejas], participam de diálogos oficiais, negociações e mediações para discutir conflitos (por exemplo, uma crise política). No nível intermediário da pirâmide, as organizações e empresas nacionais e regionais lideram iniciativas para políticas e programas, como o fornecimento de uma coordenação regional de assistência no caso de crise humanitária. No nível da base ou da comunidade, uma série de grupos podem realizar programas de alívio e desenvolvimento, manutenção da paz civil, diálogos, cura do trauma, programas de capacitação e educação, entre outros projetos.

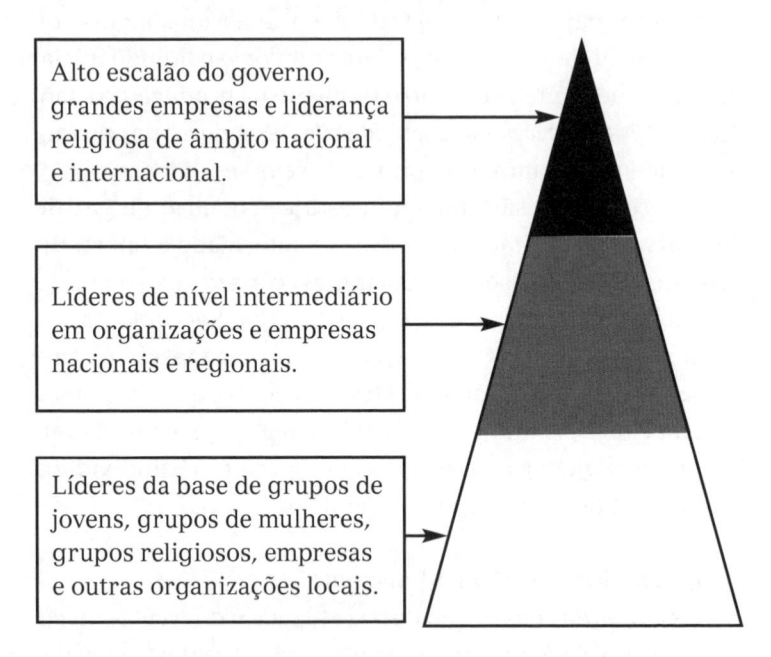

Alto escalão do governo, grandes empresas e liderança religiosa de âmbito nacional e internacional.

Líderes de nível intermediário em organizações e empresas nacionais e regionais.

Líderes da base de grupos de jovens, grupos de mulheres, grupos religiosos, empresas e outras organizações locais.

Por exemplo, em 2004 a crise humanitária no Sudão envolveu muitos atores de vários níveis. Os esforços para a construção de paz no topo da pirâmide incluíram apelos pessoais do Secretário Geral da ONU, Kofi Annan, para que o governo sudanês discutisse e admitisse a disseminação da fome. No nível intermediário, grupos como a Oxfam e a Cruz Vermelha mobilizaram recursos internacionais e regionais, e coordenaram esforços de assistência humanitária. Em nível local, ONGs de base e igrejas trabalharam juntas para levar alívio humanitário e organizar campos para a alimentação de refugiados.

Lederach propõe quatro princípios fundamentais para trabalhar com esses três níveis:[27]

1. Uma **capacidade horizontal** de construção de paz é um conjunto de relações em cada nível da pirâmide que possibilite aos líderes coordenarem entre si programas de construção de paz que cruzem as barreiras de conflitos, etnias, religiões ou outra divisão social. A maioria dos programas de construção de paz incentiva a capacidade horizontal. Diálogos entre povos e entre cidadãos da Índia, Paquistão e Caxemira, por exemplo, desenvolvem uma visão e capacidade de trabalho conjunto em prol da mudança quando essas pessoas se reúnem para compartilhar suas experiências de violência. Como resultado desses diálogos de base, as comunidades locais aprendem como agir diante de uma crise de modo a prevenir a violência. Por exemplo, um grupo de mulheres muçulmanas e cristãs de Nairóbi, na maior favela do Quênia, reúne-se regularmente para compartilhar informações sobre possíveis conflitos violentos na comunidade e planejar intervenções imediatas para dissipar as tensões.

2. Uma **capacidade vertical** para a construção de paz é um conjunto de relações entre líderes dos níveis superior, intermediário e de base que reconhecem as diferenças e a interdependência de suas contribuições para a construção de paz. Cada vez mais, pessoas de todos os níveis da pirâmide atestam a necessidade de trabalhar em outros níveis. Por exemplo, as Nações Unidas vêm demonstrando um interesse crescente em trabalhar com organizações regionais e seus parceiros

de base no estabelecimento de redes de alerta precoce para informar alguma violência iminente à comunidade internacional.

3. Aqueles que estão no **nível intermediário**, como alguns líderes empresariais e religiosos, têm maior probabilidade de ter acesso e relacionamento com os que estão nos níveis superior e de base. Dessa forma, trabalhar com o nível intermediário requer planejamento estratégico para estimular a cooperação vertical. The West Africa Network for Peacebuilding [Rede da África Ocidental para Construção de Paz] é um exemplo de organização de nível intermediário com acesso tanto a indivíduos e grupos de base que trabalham em prol da mudança quanto ao alto escalão do governo e diplomatas da ONU.

4. **Integração vertical e horizontal** é um conjunto de relações entre indivíduos, redes e organizações que viabiliza que pessoas de todos os níveis trabalhem juntas em prol da paz. A construção estratégica de paz encoraja este tipo de integração em todos os níveis da pirâmide, buscando levar uma paz justa a uma sociedade dividida. Nos Estados Unidos, para que houvesse uma integração vertical e horizontal da liderança de construção de paz seria necessário que os grupos de base envolvidos na reconciliação racial, por exemplo, se conectassem com outros grupos de base e com organizações governamentais, religiosas e empresariais nos níveis intermediário e superior, e criassem a partir daí uma abordagem sistêmica para tratar desse conflito histórico.

Moderados e extremistas

A construção de paz requer a inclusão de moderados e de extremistas. Tanto os líderes que instigam a violência como aqueles que já apoiam a paz precisam estar envolvidos nos processos de construção de paz. Há um excesso de programas envolvendo somente aqueles predispostos à paz. Líderes pró--violência costumam ficar de fora, por serem vistos como usurpadores, capazes de se apossar, desviar ou até mesmo rejeitar processos de paz. Entretanto, se forem excluídos, os programas de construção de paz terão pouca chance de sucesso.

Pessoas de dentro e de fora (*Insiders* e *outsiders*)

Nos conflitos mais violentos do mundo há tanto *insiders* como *outsiders* trabalhando pela paz. Participam da construção de paz de diferentes maneiras. *Insiders* são pessoas que vivem na comunidade onde ocorre o conflito e a consideram seu lar. Em geral, os *insiders* estabelecem um compromisso ainda mais longo com o trabalho e têm mais a ganhar ou a perder, dependendo do sucesso ou fracasso na construção de paz. Possuem uma compreensão mais profunda da cultura e do contexto local, dos conflitos e dos recursos da comunidade para a promoção da paz. Além disso, têm maior probabilidade de manter a credibilidade e confiança da população local, e de fazer parte de grandes redes de relações.

Outsiders são indivíduos e organizações que viajam até a região em conflito especificamente para participar da construção de paz. Em geral, costumam ter uma gama maior de recursos econômicos e políticos, que lhes permite aumentar a conscientização internacional sobre o conflito e mostrar como os participantes locais estão trabalhando na construção de paz. Os *outsiders* podem ajudar a influenciar os poderes nacionais e internacionais a lidar com os conflitos, e encontrar fontes de recursos financeiros. Além disso, os *outsiders* podem aumentar a segurança e a margem política para que os *insiders* cumpram seu papel, acompanhando-os fisicamente para evitar violência por retaliação. Também podem criar espaço e apoio para programas de transformação de conflitos, justiça restaurativa e cura do trauma.[28]

O "QUANDO" ESTRATÉGICO

O conflito é dinâmico; muda ao longo do tempo e se expressa em ondas e ciclos. A construção de paz tem como objetivo prevenir e cuidar de conflitos violentos – é necessária antes, durante e após a violência. O diagrama abaixo mostra que a construção estratégica de paz requer uma série de ações em cada um desses três períodos:

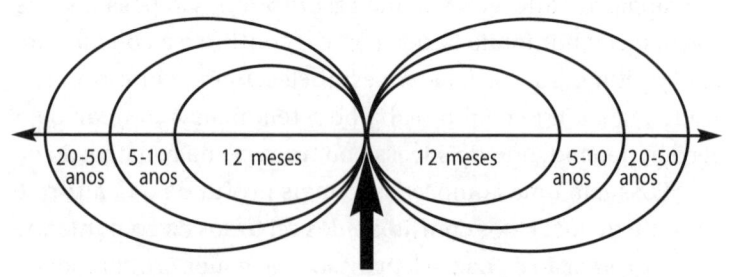

| 20-50 anos | 5-10 anos | 12 meses | 12 meses | 5-10 anos | 20-50 anos |

Pré-Violência   Violência   Pós-Violência

Pré-Violência
As formas estruturais de violência costumam existir antes mesmo que a violência direta se manifeste. Um ou mais grupos podem perceber uma distribuição injusta de recursos ou uma violação de direitos humanos. Os programas preventivos de construção de paz devem intervir antes que a violência em massa entre em erupção. Os projetos de alerta e resposta precoce têm como objetivo monitorar os conflitos

na fase inicial e enviar alarmes à comunidade internacional, aos governos e organizações não governamentais antes que a violência irrompa. A defesa (*advocacy*) e outras formas de ação estratégica permitem que ativistas não violentos entrem em conflito, chamando atenção nacional e internacional para questões importantes e para a necessidade de mudanças estruturais. Líderes internacionais, nacionais e comunitários podem trabalhar juntos para expressar e lidar com problemas de maneira democrática, convencendo as pessoas de que a negociação – e não a violência – é a melhor forma de resolver o conflito.

Violência

Momentos de violência direta requerem programas adicionais de construção de paz para cuidar das vítimas e ofensores. As agências internacionais e locais de assistência precisam criar abrigos para deslocados e outras vítimas da violência.

Grupos de agressores devem ser detidos pelos agentes de paz ou pela polícia e impedidos de cometer violência no futuro. Líderes em todos os níveis precisam criar oportunidades com urgência, permitindo que as pessoas desenvolvam relações dentro e além das linhas de conflito e lidem com as necessidades subjacentes de todos os grupos envolvidos no conflito. Devem trabalhar para encontrar soluções mutuamente satisfatórias para problemas imediatos. Se a violência persistir por muitos meses ou anos, programas de capacitação a longo

> Os conflitos estão "maduros" para a negociação quando, grosso modo, o poder está equilibrado e há grande consciência sobre as principais questões.

prazo deverão ser desenvolvidos para treinar as pessoas nas áreas de direitos humanos, transformação de conflitos, justiça restaurativa, entre outros.

Pós-Violência
Após a guerra, as sociedades precisam desarmar e reintegrar as pessoas que serviram na guerra, lidar com o trauma e reconstruir a infraestrutura. Programas de capacitação podem ajudar as sociedades a desenvolver educação contínua sobre a paz e direitos humanos, gerar oportunidades para o desenvolvimento socioeconômico e canalizar fundos de pesquisa para criar estruturas democráticas baseadas na cultura.

Avaliando a maturidade do conflito
Saber qual o momento certo para a intervenção requer uma análise prévia de quão cientes as pessoas estão das questões e do poder de cada grupo em relação aos demais. Nem sempre é possível negociar. Em alguns momentos, os grupos no poder se recusam a negociar com os outros.

Por exemplo, no período anterior ao Movimento dos Direitos Civis nos Estados Unidos, a comunidade afro-americana era significativamente desempoderada em relação aos governos estaduais e nacional de maioria branca. O Movimento dos Direitos Civis organizou manifestações, vigílias, peregrinações e ocupações para gerar conscientização massiva das injustiças enfrentadas pelos afro-americanos, e demonstrar o poder da comunidade negra. Durante muitos anos, o Movimento dos Direitos Civis "amadureceu" o conflito até o ponto em que os líderes brancos se viram obrigados a prestar atenção e negociar com os afro-americanos para discutir suas questões. Após muitas negociações e processos judiciais, a legislação sobre segregação foi alterada, leis de direitos civis foram promulgadas, e muitos americanos brancos começaram a compreender e desafiar as atitudes e estruturas racistas.

O diagrama abaixo mostra como saber se um conflito está preparado para intervenções.[29] No canto inferior esquerdo do gráfico, há desequilíbrio de poder e pouca conscientização. As estratégias ativistas utilizam uma mescla de coerção e persuasão para entrar em conflito de modo não violento. Quando essas estratégias dão certo, o poder torna-se mais equilibrado, há um aumento na conscientização das pessoas a respeito dos problemas, e as raízes do conflito e da violência são tratadas à medida que as relações são construídas pelo diálogo, negociação e mediação.

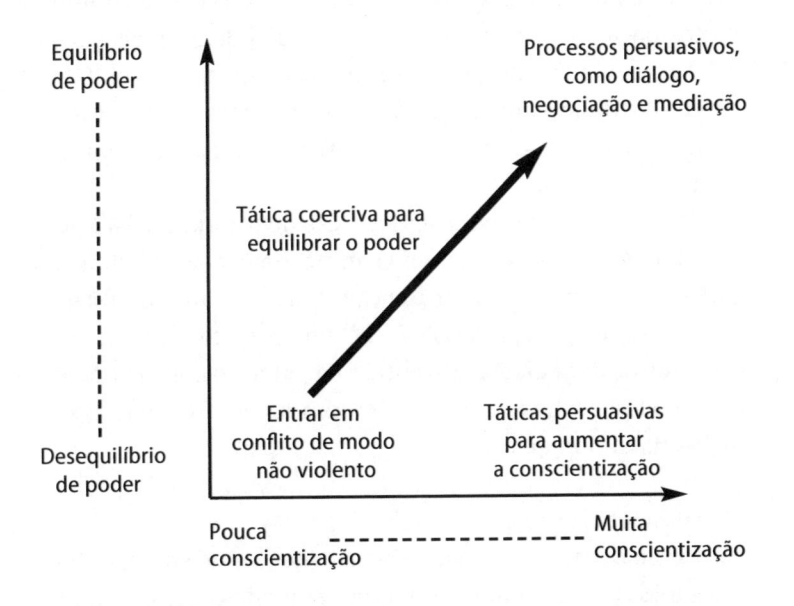

```
Equilíbrio                          Processos persuasivos,
de poder                                    como diálogo,
                                    negociação e mediação

                Tática coerciva para
                equilibrar o poder


                  Entrar em        Táticas persuasivas
                conflito de modo      para aumentar
Desequilíbrio    não violento        a conscientização
de poder

                Pouca                      Muita
                conscientização            conscientização
```

Datas Simbólicas
Algumas datas têm caráter simbólico. O lançamento de um novo programa de construção de paz, a assinatura de acordos de paz ou a chegada de pacifistas podem aproveitar o simbolismo de determinadas datas. Grupos de direitos humanos utilizaram o simbolismo de 21 de março de 1960 – data do terrível Massacre de Sharpesville, na África do Sul – para promover seu Dia Internacional para a Eliminação do Racismo.

O "ONDE" ESTRATÉGICO

A construção estratégica de paz também requer uma análise de locais e espaços simbólicos e de relevância social que favoreçam o desenvolvimento das relações. Se um programa de construção de paz tem como foco os jovens, então as escolas, campos de futebol e parquinhos serão locais importantes para a intervenção. A mobilização de mulheres deve ocorrer em locais onde elas se reúnem. Em muitas culturas em desenvolvimento, as mulheres administram o mercado e organizam protestos importantes, mobilizando outras mulheres nesse espaço.

Mediadores noruegueses levaram negociadores israelenses e palestinos para chalés no campo, onde compartilharam as refeições como se fossem uma família e fizeram caminhadas pelos bosques, juntos. A criação de um contexto simbólico que estimule os negociadores a entrar em contato com a humanidade compartilhada é um elemento importante em todos os níveis da diplomacia.

O "COMO" ESTRATÉGICO

Como ocorrerá a construção estratégica de paz? Quais os princípios fundamentais? Quais os requisitos para coordenar os atores e as atividades da construção de paz? Os princípios abaixo sugerem etapas ou tarefas básicas para criar uma estratégia de construção de paz.

Princípios da prática de construção estratégica de paz
1. **Refletir os valores.** A construção de paz requer reflexão e esclarecimento contínuo dos valores norteadores – tanto no âmbito pessoal como organizacional – e uma avaliação da eficácia dos programas de construção de paz no cumprimento de tais valores.
2. **Analisar o conflito e a violência.** A construção de paz requer uma análise contínua dos recursos necessários à paz, e das causas e dinâmica do conflito e da violência.
3. **Lidar com necessidades e direitos básicos.** A construção de paz propicia que as pessoas atendam às suas necessidades e direitos básicos, ao mesmo tempo em que reconhecem as necessidades e direitos dos outros.
4. **Planejar a longo prazo.** A construção de paz transcende a orientação de crise a curto prazo, projetando uma mudança social para anos e décadas.
5. **Transformar sistemas inteiros.** A construção de paz inclui mudanças em nível pessoal, relacional, cultural e estrutural.
6. **Coordenar abordagens e atores.** A construção de paz requer abordagens coordenadas, que reflitam responsabilidade, propriedade, prestação de contas e participação de muitos atores diferentes.
7. **Identificar e gerar poder.** O poder está presente em todas as relações. A construção de paz requer que todas as pessoas estejam cientes de seu poder e usem esse poder de maneira não violenta, de modo a suprir suas necessidades humanas e, ao mesmo tempo, respeitar os outros.

8. **Empoderar os outros.** A construção de paz fortalece e intensifica esforços locais, encorajando outros a agir. Baseia-se na democracia participativa e na autodeterminação.
9. **Considerar a cultura um recurso.** Valores culturais, tradições e rituais podem ser recursos para a construção de paz.
10. **Inovar e usar a criatividade.** A construção de paz se utiliza de muitos meios para se comunicar e aprender; não se baseia apenas em palavras ou diálogos a fim de desenvolver soluções criativas para problemas complexos.

12

AVALIAÇÃO E COORDENAÇÃO DA CONSTRUÇÃO DE PAZ

Uma das medidas do sucesso da construção de paz é o número absoluto de pessoas que dedicam suas vidas e carreiras a ela. Em 1980, nenhuma universidade oferecia graduação em transformação de conflitos e construção de paz. Atualmente, muitas universidades incluem no currículo pelo menos uma aula sobre as competências relacionais da construção de paz, e dezenas possuem programas de bacharelado, mestrado e doutorado sobre o tema. Existem centenas – talvez até milhares – de oficinas e treinamentos organizados em comunidades do mundo todo. O grande número de indivíduos capacitados acaba influenciando a linguagem e a conscientização de outros. Hoje, praticamente todos os programas das Nações Unidas estão relacionados ao conceito de construção de paz e líderes governamentais de muitos países solicitam treinamento na área.

Mesmo assim, a disseminação de uma ideia é apenas um mero indicador do sucesso de uma abordagem na obtenção real de suas metas. Os programas de construção de paz nem sempre contribuem para a paz. Boas intenções não bastam. Alguns programas de construção de paz desperdiçam tempo, recursos financeiros e podem aumentar o preconceito ou até mesmo a violência. Cabe aos construtores de paz avaliarem seus programas para garantir que não estão causando dano e que utilizam seus recursos com sabedoria. A África do Sul é um modelo de sucesso para muitos construtores de paz. Milhares de sul-africanos participaram de treinamentos para construção de paz e de uma série de programas para lidar com conflitos na comunidade e no país. O fim do apartheid é uma mudança importante em direção à paz justa, uma vez que promoveu a igualdade política. Entretanto, não conseguiu alterar significativamente a desigualdade econômica entre sul-africanos negros e brancos. Essa incapacidade de lidar com estruturas econômicas continua beneficiando os brancos de maneira desproporcional, e é algo que alimenta o desespero, a humilhação, e aumenta a violência criminal, doméstica e sexual nas comunidades de baixa renda.

Um desafio importante consiste em criar ferramentas de avaliação capazes de mensurar adequadamente o movimento em prol da paz. Se a violência e a paz são extremidades opostas de um contínuo, indicadores de alerta precoce – como aumento da exclusão política e desemprego – sinalizam um movimento em direção à violência. Indicadores de paz (o oposto dos indicadores de alerta precoce) incluem aumento de networking político e de oportunidades de emprego. Esses indicadores podem ajudar os construtores de paz a refletirem sobre a eficácia de seus programas.

O segundo desafio enfrentado pelos construtores de paz é a coordenação. Em última instância, o sucesso da construção de paz está vinculado à capacidade de indivíduos, grupos, comunidades e nações trabalharem juntos no planejamento e na busca da paz justa. Coordenação e planejamento integram os elementos estratégicos ("o que", "quem", "quando", "onde") em um plano abrangente de construção de paz. Sem coordenação, as diferentes abordagens à construção de paz podem entrar em contradição com outras abordagens ou até mesmo inviabilizar a obtenção do maior impacto possível.

Mesmo assim, a coordenação traz desafios significativos aos construtores de paz. Não pode ser simplesmente restrita a uma organização ou grupo que dirige ou delega tarefas aos demais. Diferenças ideológicas, esforços impulsionados pelo ego para monopolizar programas de construção de paz e a competição por recursos são entraves no caminho para a paz. Os atores da construção de paz precisam trabalhar juntos para criar redes de articulação que estruturem, coloquem em prática e responsabilizem cada uma das partes pelos valores, habilidades relacionais, ferramentas analíticas e processos de construção de paz definidos em conjunto.

Tal coordenação requer diálogos regulares sobre os valores norteadores e as estruturas analíticas para compreender o conflito e a violência. Requer fóruns para colaborar e compartilhar inovações, práticas, fracassos e histórias de sucesso. Também necessita de habilidades relacionais em todos os níveis, principalmente entre indivíduos e organizações concorrentes ou em conflito no processo de construção de paz. Por último, a prática de construção de paz precisa ser articulada para que os grupos que trabalham em programas imediatos, de curto prazo, levem em conta as necessidades e metas dos programas de construção de paz a longo prazo. Os financiadores podem facilitar a coordenação exigindo sua participação em fóruns entre agências e promovendo um ambiente onde as organizações sejam reconhecidas por cooperarem entre si, em vez de competirem por financiamento e prestígio.

Este livro descreveu uma estrutura para a construção de paz que requer a coordenação de muitos atores e abordagens diferentes para tratar diversas questões importantes ao longo de décadas, não apenas meses. Não podemos fazer isso sozinhos – a construção de paz depende de um espírito generoso entre os construtores de paz, sem verbalizar críticas injustas sobre o trabalho alheio, e de habilidades e processos de comunicação que permitam aos construtores de paz discutir seus próprios conflitos. Todos os nossos esforços – por mais díspares que pareçam – podem fazer parte de um esforço unificado, desde que trabalhemos juntos em prol de uma meta comum: a paz justa.

Notas

1. Lisa Schirch, "A Peacebuilding Framework to Link Human Rights and Conflict Resolution" in *Human Rights in Conflict*. Washington, D.C.: U.S. Institute of Peace, Forthcoming, 2005.

2. Vern Neufeld Redekop, *From Violence to Blessing*. Ottawa: Novalis, 2002.

3. James Gilligan, *Preventing Violence*. New York: Thames and Hudson, 2001, 39.

4. Robert J. Burrows, *The Strategy of Nonviolent Defense: A Gandhian approach*. Albany, NY: State University of New York Press, 1996, 239.

5. Gene Sharp, *The Methods of Nonviolent Action* (Boston: Porter Sargent Publishers, 1973).

6. Robert F. Drinan, *The Mobilization of Shame: A World View of Human Rights*. New Haven: Yale University Press, 2001, 32.

7. Gene Sharp, *The Politics of Nonviolent Action*. Boston: Porter Sargent Publishers, 1973.

8. Peter Ackerman e Jack Duvall, *A Force More Powerful: A Century of Nonviolent Conflict*. New York: Palgrave, 2000.

9. Lisa Schirch, *Keeping the Peace: Exploring Civilian Alternatives to Violence Prevention*. Uppsala, Sweden: Life and Peace Institute, 1995.

10. Hizkias Assefa, "Peace and Reconciliation as a Paradigm" in *Peacemaking and Democratization in Africa,* Hizkias Assefa and George Wachira, eds. Nairobi, Kenya: 1996.

11. Vamik Volkan, *Blood Lines: From Ethnic Pride to Ethnic Terrorism*. Boulder: Westview Press, 1997.

12. *Strategies for Trauma Awareness and Resilience (STAR) Manual*. Eastern Mennonite University, 2002.

13. Harold Saunders, *A Public Peace Process: Sustained Dialogue to Transform Racial and Ethnic Conflicts*. New York: Palgrave, 1999.

14. Roger Fisher e William Ury, *Getting to Yes: Negotiating Agreement Without Giving In*. New York: Penguin Books, 1991. [*Como conduzir uma negociação – Chegar ao sim*. São Paulo: Lua de Papel, 2012.]

15. Howard Zehr, *Justiça Restaurativa*. São Paulo: Palas Athena Editora, 2012, e 2ª edição revisada e ampliada, 2017.

16. Lisa Schirch, *Ritual and Symbol in Peacebuilding*. Bloomfield, Conn.: Kumarian Press, Forthcoming 2005.

17. Este capítulo baseia-se fortemente no livro de John Paul Lederach, *Building Peace: Sustainable Reconciliation in Divided Societies*. Washingtong, D.C.: United State Institute of Peace, 1997, e em material impresso (não publicado) sobre construção estratégica de paz.

18. Mary B. Anderson e Lara Olson, *Confronting War: Critical Lessons for Peace Practitioners*. Cambridge, Mass.: Collaborative for Development Actions, Inc., 2003.

19. *Positive Approaches to Peacebuilding: A Resource for Innovators*, ed. Cynthia Sampson et al. Washington, D.C.: Pact Publications, 2003.

20. Mary B. Anderson, *Do No Harm: How Aid Can Support Peace – or War*. Boulder: Lynne Rienner, 1999.

21. John Paul Lederach, *Transformação de Conflitos*. São Paulo: Palas Athena Editora, 2012, p. 49.

22. Adaptação de John Paul Lederach do trabalho de Maire Dugan em "From Issues to Systems" in *Mediation and Facilitation Manual*. Mennonite Conciliation Resources, 2000.

23. Anderson e Olson, 2003, *op. cit.*

24. Louise Diamond e John McDonald, *Multi-Track Diplomacy: A System's Approach to Peace*. Bloomfield, Conn.: Kumarian Press, 1996.

25. John Paul Lederach, "Strategic Concepts and Capacities for Justpeace". Apostila da aula "Fundamentals of Peacebuilding", Eastern Mennonite University, 1999.

26. John Paul Lederach, *Building Peace: Sustainable Reconciliation in Divided Societies*. Washingtong, D.C.: United State Institute of Peace, 1997, 39.

27. John Paul Lederach, "Strategic Concepts and Capacities for Justpeace" Apostila da aula "Fundamentals of Peacebuilding", Eastern Mennonite University, 1999.

28. Mary B. Anderson e Lara Olson, *Confronting War: Critical Lessons for Peace Practitioners*. Cambridge, Mass.: Collaborative for Development Actions, Inc., 2003.

29. Adaptado do trabalho de Adam Curle, *Making Peace*. London: Tavistock Press, 1971.

Leituras selecionadas

Anderson, Mary B. e Lara Olson. *Confronting War: Critical Lessons for Peace Practitioners.* Cambridge, Mass.: Collaborative for Development Action, Inc., 2003.

Galama, Anneke e Paul van Tongeren, eds., *Towards Better Peacebuilding Practice.* Utrecht, Netherlands: European Centre for Conflict Prevention, 2002.

Lederach, John Paul. *Building Peace: Sustainable Reconciliation in Divided Societies.* Washington, D.C.: U.S. Institute of Peace, 1997.

Lederach, John Paul e Janice Moomaw Jenner. ed. *Into the Eye of the Storm: A Handbook of International Peacebuilding.* San Francisco: John Wiley and Sons, 2002.

Reychler, Luc e Thania Paffenholz, eds. *Peacebuilding: A Field Guide.* Boulder: Lynne Rienner, 2001.

Sampson, Cynthia, Mohammed Abu-Nimer, Claudia Liebler, e Diana Whitney, eds. *Positive Approaches to Peacebuilding.* Washington, D.C.: PACT Publications, 2003.

SOBRE A AUTORA

Lisa Schirch é professora-assistente de Construção de Paz no Center for Justice and Peacebuilding [Centro para Justiça e Construção de Paz] da Eastern Mennonite University. Foi fellow do Programa Fulbright e tem mais de 15 anos de experiência em consultoria com uma rede de organizações de parceria estratégica, envolvida em atividades de construção de paz nos Estados Unidos, América Latina, África, Ásia, Pacífico Sul e Europa. Sua experiência em construção de paz inclui trabalhos em campos de refugiados, organizando uma campanha de direitos humanos, atuando como membro da força de paz civil, morando em aldeias remotas para realizar trabalhos no campo de desenvolvimento, prestando consultoria, avaliando e pesquisando projetos de desenvolvimento e construção de paz, facilitando diálogos entre etnias e atuando regularmente como mediadora e instrutora. É doutora em Análise e Resolução de Conflitos pela George Mason University.

A marca FSC® é a garantia de que a madeira utilizada na fabricação do papel deste livro provém de florestas que foram gerenciadas de maneira ambientalmente correta, socialmente justa e economicamente viável, além de outras fontes de origem controlada.

Texto composto em Versailles LT Std.
Impresso em papel Pólen Soft 80g na Bartira Gráfica.